모두를 위한 음성 훈련 워크북

The VOICE EXERCISE BOOK
A Guide to Healthy and Effective Voice Use
by Jeannette Nelson

THE VOICE EXERCISE BOOK

A Guide to Healthy and Effective Voice Use

모두를 위한 음성 훈련 워크북

———

건강하고 효과적인 음성 사용 지침서

Jeannette Nelson 지음
윤소희 옮김

도서출판 ┃동인

나의 스승 데이비드 캐리와 팻시 로덴버그 선생님께

자네트 넬슨의 코칭을 iTunes U 및 Youtube에서 시청하기

이 책을 읽으며 영국 국립 극장의 무료 온라인 영상을 함께 시청하면 더욱 큰 도움이 될 것입니다. 무료 온라인 영상은 유튜브(www.youtube.com/ntdiscovertheatre)와 아이튠즈 U(https://itun.es/i6Bv9gt#iTunes)에서 볼 수 있습니다. 각 영상은 음성 워밍업, 각기 다른 극장 공간을 소리로 채우기 위한 배우의 발성 운용에 관한 시범(국립 극장의 세 개의 다른 무대를 이용함), 셰익스피어 리허설에서 자네트가 일반적으로 사용하는 텍스트 훈련 등 다양한 내용을 포함하고 있습니다.

차 례

■ 머리말 — 11
■ 추천사 — 12

서론 _ 15

누구를 위한 책인가?   17

책을 사용하는 방법   19

음성과 사랑에 빠지기   23

1   음성 알아가기 _ 27

음성이 여러분에 대해 말해 주는 것   29

음성이 작용하는 방법 – 호흡   33

음성이 작용하는 방법 – 발성   39

음성이 작용하는 방법 – 조음   43

음성 돌보기   46

2   음성 훈련—1단계 _ 51

호흡 – 음성을 지지하기 위해 깊은 호흡하기   57

공명 – 몸 전체에서 음성 느끼기   64

음성 열기 – 음성을 자유롭게 하고 음역을 탐험하기   69

조음 – 얼굴과 혀의 근육 훈련하기　　　　　　　　　73

마지막 체크리스트　　　　　　　　　　　　　　　80

3　음성 훈련 — 2단계 _ 85

호흡 – 더 많은 호흡 찾기　　　　　　　　　　　88

공명 – 허밍에서 말하기까지　　　　　　　　　　94

음성 열기 – 흔들기와 한 음으로 자유롭게 나는 소리　　99

조음 – 텅 트위스터　　　　　　　　　　　　　105

음성을 강력하게 사용하기　　　　　　　　　　107

4　공연을 위한 음성 준비하기 _ 121

워밍업　　　　　　　　　　　　　　　　　124

워밍다운　　　　　　　　　　　　　　　　129

5　음성 문제에 훈련 적용하기 _ 133

가청도　　　　　　　　　　　　　　　　　135

호흡 운용　　　　　　　　　　　　　　　139

음성 지구력　　　　　　　　　　　　　　140

계속 경청하게 만들기　　　　　　　　　　　141

6　음성을 통해 의사소통하기 _ 145

청자의 이목 사로잡기　　　　　　　　　　　147

나쁜 습관 파악하기　　　　　　　　　　　　148

음성 에너지를 유지하고 청중의 집중 유지하기　　148

속도와 크기 조절하기   152
좋은 신체적 습관 사용하기   153

7   청소년과 작업하기 _ 157

호흡   160
공명   165
음성 열기   168
조음과 말   178
청소년을 위한 워밍업   181

8   영국 국립 극장에서의 음성 작업 _ 187

배우와 작업하기   189
연출가와 작업하기   194

결론 _ 201

■ 옮긴이의 글 ─ 207

머리말

영국 국립 극장에서 일하며 이 책을 쓸 수 있었던 것은 정말 행운입니다. 유구한 역사를 가진 이 극장에는 관객들에게 잘 알려지지 않은 많은 영웅들이 있습니다. 그 헌신적인 영웅들 중 몇몇은 바쁜 상황 속에서도 저를 돕기 위해 기꺼이 시간을 내주었습니다.

앨리스 킹-팔로우는 처음부터 이 책의 집필을 응원해 주었고, 케이티 타운은 저술 작업 초창기부터 지원과 격려를 아끼지 않았습니다. 음성 부서의 친애하는 동료인 캐서린 마틴, 엠마 고스든, 폴라 해밀튼 및 케이트 고드프리 모두 기꺼이 원고를 읽고 제게 조언을 해 주었습니다. 올리 윈서가 미술 감독을 맡았으며, 케이트 본은 이 책을 발행해 주었습니다.

국립 극장에 속하지 않은 분들도 이 책을 쓰는 데 있어 많은 도움을 주셨습니다. 매튜 밀스는 전문 지식을 통해 이 책 속의 과학적이고 의학적인 요소에 관한 자문에 훌륭한 의견을 주었고, 탈 브로쉬는 톤디 음꽘바와 쉬를 모델로 하여 유쾌한 일러스트레이션과 디자인을 제작해 주었습니다. 마지막으로, 훌륭하고 참을성 있고 이해심 많은 편집자 캐서린 페리가 없었다면 이 책은 출판되지 못했을 것입니다.

여러분 모두에게 감사드립니다.

추천사

배우의 말은 쉽게 이해될 수 있어야 하고, 진실해야만 합니다. 하지만 배우라면 누구든 이 두 가지를 모두 충족하는 것이 얼마나 어려운지 알고 있을 것입니다.

자네트 넬슨은 영국 국립 극장 리허설 과정의 핵심 일원입니다. 그녀는 배우들에게 올리비에 극장의 광대한 객석을 포용할 수 있는 자신감을 심어 주고, 상상력 및 테크닉 훈련을 통해 그들의 음성이 상대 배우와 주고받는 섬세한 친밀감을 잃지 않으면서도 동시에 극장 뒷벽까지 다다를 수 있다고 믿게 만드는 방법을 알고 있습니다.

자네트는 관객이 공연에 몰입할 수 없다면 배우는 무대에서 진실할 수 없다고 확신하는 것 같습니다. 말하고, 생각하고, 느끼는 것을 제대로 전달할 수 있을 만큼 충분히 숙련되지 않았다면, 배우는 절대로 진실할 수 없습니다. 극장 안의 진실은 진공 상태에서는 존재하지 않기 때문입니다. 관객이 무슨 일이 일어나고 있는지 이해할 수 없다면, 아무 일도 일어나지 않고 있는 것입니다. 그것은 진실도 거짓도 아니며, 아무것도 될 수 없습니다.

자네트의 작업과 교수법을 통해 배우들은 기술과 진정성이 떼려야 뗄 수 없는 것임을, 그리고 발성이 단지 크게 말하는 것이 아니라 완전히 몰입된 상상의 결과라는 것을 배웁니다.

저는 그녀와 수많은 셰익스피어 작품에서 함께 작업했고, 그녀에게 많은 것을 배웠습니다. 우리 둘 다 셰익스피어의 대사를 마치 실제 사고 과정의 자연스러운 결과인 것처럼 말할 수 있다고 믿으며, 그 시적인 대사를 관객에게 전달하는 데 있어 어떠한 예술적 타협도 필요치 않다고 믿습니다.

매년 국립 극장의 배우들은 자네트와 함께 훈련하며 더 나은 배우로 성장합니다. 이 책을 통해 여러분도 그 이유를 알게 될 것입니다.

니콜라스 하이트너Nicholas Hytner
(연극/영화 연출가, 前 영국 국립 극장 예술 감독)
2015년, 런던에서

서론

이 책의 내용은 자신의 음성을 보다 효과적으로 사용하려는 모든 사람을 위해 설계되었습니다. 음성이 어떻게 작용하는지에 대한 설명부터, 신뢰할 수 있는 발성 기술을 확립하기 위한 연습까지, 이 책은 올바른 발성을 위한 쉽고 간단한 지침서입니다.

저는 영국 국립 극장, 로열 셰익스피어 컴퍼니, 셰익스피어 글로브에서 다년간 음성 코치로 일한 경험을 바탕으로 이 책의 훈련을 발전시켜 왔습니다. 여러 유형의 배우의 음성을 훈련시키고 관리하기 위해 이 훈련법을 사용했으며, 오늘날에도 계속해서 사용하고 있습니다. 신인 배우든 유명하고 경험이 많은 배우든, 모든 배우에게 동일한 훈련 방식을 적용합니다.

저는 이 훈련법을 연극 분야에 종사하지 않는 사람들에게 사용하기도 합니다. 누구든지 음성이 어떻게 작용하는지에 대한 지식과 간단한 훈련을 통해 발성 능력을 향상시킬 수 있습니다.

제가 영국 국립 극장에서 이 훈련을 실제로 어떻게 적용하는지에 대해서는 8장에서 더 자세히 알아볼 수 있습니다.

누구를 위한 책인가?

이 책은 배우, 교사 및 자신의 음성을 직업적으로 사용하는 모든 사람을 위한 것입니다. 음성을 온종일 사용하는 사람뿐만 아니라 회의, 프레젠테이션, 무대에서 사용하는 사람에게도 유용합니다. 자신의 말이 분명하게 들리고 쉽게 이해되었으면 하는 것은 직업적으로 의사소통을 하는 모든 사람의 바람일 것입니다. 책의 내용은 제가 매일 전문 배우들과 함께하는 훈련에 바탕을 두고 있어서 무대, 학교, 예배당, 회의실, 매장, 혹은 유무선상 등에서 자신의 음성을 사용해 '일'을 해야 하는 사람이라면 누구에게나 적합할 것입니다.

여러분이 이 책을 선택한 데에 구체적인 이유가 있을 수 있습니다. 음성을 직업적으로 사용할 때 어려움을 겪었거나 언어적 의사소통 능력을 향상함으로써 커리어를 발전시킬 수 있다는 조언을 받았을 수도 있습니다. 오랜 시간 동안 말을 해야 하거나 넓은 공간에서 청중들을 집중시킬 만큼의 큰 소리를 내야 하기 때문일 수도 있습니다. 또는 미팅에서 의견을 말할 때, 제품을 판매할 때, 혹은 대중을 상대할 때 자신감과 권위를 드러내고 싶을 수도 있습니다.

음성을 건강한 상태로 유지하고 싶거나, 효과적인 워밍업 루틴을 원하는 배우일 수도 있습니다.

교실에서 하루를 보내고 나면 곧잘 음성이 피곤해지는 선생님일 수도 있고, 연극 공연을 위해 음성을 계발하고자 하는 학생을 돕고 싶은 선생님일 수도 있습니다. 음성에 영향을 주는 건강상의 이슈가 있을 수도 있고, 어쩌면 자신의 음성을 최대한 활용하지 못하고 있다고 느낄 수도 있습니다.

이유가 무엇이든, 이 책의 훈련은 여러분이 건강하게 음성을 사용하며 모든 상황에서 명료하게 말하는 데 필요하고 유용한 기술을 알려 드립니다. 여러분 모두는 음성을 향상시키고 올바르게 사용할 수 있는 능력을 가지고 있습니다.

책을 사용하는 방법

진실한 음성

훈련을 시작하기에 앞서, 여러분이 자신의 음성에 대해 생각할 시간을 갖는 것은 매우 중요합니다. 음성이 여러분에게 어떤 의미를 가지며, 여러분에 대해 무엇을 말해 줄까요?

음성을 올바르게 사용하는 원리는 모든 사람에게 동일하며 매우 간단합니다. 여러분은 자유롭고 깊게 숨을 쉬어야 하며, 명확하게 발음된 말을 통해 몸에서 공명하는 소리를 내야 합니다. 저는 이 책을 통해 여러분과 그 방법을 공유하고자 합니다.

하지만 무엇보다도 여러분의 음성이 진실하게 들려야 합니다. 음성 훈련을 하고 싶은 이유가 무엇이든, 지향점은 진실성에 있어야 합니다. 자기 본연의 진실한 음성을 사용하지 않으면, 청중을 완전히 사로잡을 수도 없거니와, 여러분 또한 자신의 음성에 만족할 수 없습니다. 건강하고 설득력 있는 음성은 말하는 방식을 바꾸거나 다른 사람의 음성을 흉내 낸다고 해서 이루어지는 것이 아닙니다. 여러분 본연의 음성을 계발해야 합니다.

1장에서는 음성이 저마다 고유한 것임을 알려 드리고자 합니다. 음성은 여러분의 몸과 성격을 통해 만들어지고, 다른 신체 활동과 마찬가지로 개인적인 경험에 영향을 받습니다. 제 가르침은 이러한 사실로부터 출발합니다. 음성의 잠재력을 키우기 전에 먼저 자신의 음성과 음성이 작용하는 방식을 알아야 합니다.

또한, 저는 여러분이 자기 자신을 표현하기 위해 어떻게 음성을 사용하고 어떻게 말하고 있는지 생각해 보기를 권합니다. 평가하자는 것은 아닙니다. 당신이 누구이며 어떤 방식으로 생각하고 판단하는지 음성이 여러분의 정체성과 사고방식 등 많은 것을 알려줄 수 있다는 것을 인지하라는 것입니다. 이러한 과정을 통해 여러분은 자신의 언어적 의사소통이 효과적이지 않은 이유를 이해할 수 있고, 이를 바탕으로 변화를 이루어낼 수 있습니다.

음성이 작용하는 방식

다음 단계에서는, 음성이 어떻게 물리적으로 작용하는지를 살펴보기 위해 음성의 해부학과 생리학에 대한 간단한 설명을 제시합니다. 여기에 어려운 내용은 전혀 없습니다. 단지 음성 생성을 위한 모든 신체의 움직임을 직접 체험해 볼 수 있도록 안내할 뿐입니다. 호흡과 음성이 어떻게 작용하는지 이해하는 것은 여러분의 음성을 알아가는 데 있어서 중요한 열쇠입니다.

음성이 어떻게 작용하는지 이해한 후에는 음성을 어떻게 관리해야 하는지 알아야 합니다. 따라서 지속적인 음성 관리에 대한 정보와 조언으로 이 장을 마무리합니다.

이렇게 자신의 음성에 대해 알아가는 것을 시작으로 음성이 어떻게 작용하고 어떻게 보살펴져야 하는지를 배울 수 있습니다. 이 모든 것은 음성 기술 훈련을 위한 준비로, 자기 인식을 높이기 위함입니다.

음성 훈련

2장과 3장은 음성 훈련에 관한 내용입니다. 2장의 첫 번째 파트는 음성 훈련의 기본을 소개합니다. 모든 훈련의 기본은 호흡, 공명, 음성 열기 그리고 조음입니다.

여러분은 영국 국립 극장의 온라인 비디오 시리즈를 통해 훈련 시범 영상을 볼 수 있습니다. 영상은 음성 워밍업, 각기 다른 극장 공간을 소리로 채우기 위한 배우의 발성 운용에 관한 시범(국립 극장의 세 개의 다른 무대를 이용함), 셰익스피어 리허설에서 일반적으로 사용하는 텍스트 훈련 등 다양한 내용으로 구성되어 있습니다. 유튜브(www.youtube.com/ntdiscovert heatre)와 아이튠즈 U(https://itun.es/i6Bv9gt#iTunes)에서 시청해 보세요.

2장의 훈련이 제법 편안해지고 여러분의 음성이 향상되었다고 느낄 때, 3장의 심화 훈련으로 넘어가세요. 이 훈련은 지식을 심화하고 기술을 확장해 여러분의 음성이 더욱더 자유롭고, 통제 가능하며, 풍부한 표현을 낼 수 있도록 도와줄 것입니다. 또한, 3장의 심화 훈련은 음성을 지치게 하지 않으면서 고함을 치거나 크게 말하는 것을 돕는 내용도 포함하고 있습니다.

이 훈련들은 꾸준히 수행하도록 설계되었습니다. 규칙적인 반복 훈련은 호흡을 운용하는 능력을 계발하고, 소리의 질, 명료함, 힘을 향상하며 자신만의 음성을 체화하는 데 도움이 됩니다. 이 훈련은 자기 자신의 음성을 듣기보다 느끼도록 유도합니다. 자신의 음성이 원하는 대로 나오지 않을 때 사람들은 종종 좌절기도 하는데, 그 이유 중 하나는 그들이 자신의 음성을 시각적으로나 촉각적으로 지각하지 못하기 때문입니다. 그러므로 음성이 어떻게 작용하는지 이해하는 것과 운동감각적 의식을 발달시키는 것은 매우 중요합니다. 그다음에야 자가 점검과 자체 수정이 가능할 것입니다.

4장에서는 공연을 비롯하여 음성을 직업적으로 사용해야 하는 경우에, 여러분의 음성이 최적의 상태로 준비될 수 있도록 돕는 워밍업과 워밍다운 방법을 소개합니다.

5장에서는 여러분에게 영향을 끼칠 만한 대표적인 음성 문제들을 살펴보고, 그것을 극복하기 위해 집중해야 할 훈련들을 제안합니다.

누구든 음성이 어떻게 작용하는지에 대한

지식과 간단한 훈련을 통해

발성 능력을 향상시킬 수 있습니다.

기본을 넘어서

배우를 포함한 공연자의 경우, 평생 실천할 연습 훈련을 개발하기 위해 이 책을 지속하여 사용하고 싶을 수 있습니다. 다른 직업군에서 일한다면, 일단 음성이 어떻게 작용하는지 탐험하고 효과적으로 호흡하며 말하는 방법을 배운 후에는 그 기술을 일상에서 자연스럽게 사용하게 될 것입니다. 그러고 나서 훈련에 대한 기억을 되살리고 싶거나, 특별한 필요가 생겼을 경우 다시 이 책을 사용할 수 있습니다.

음성을 통한 효과적인 의사소통은 메시지 전달에 필수적입니다. 6장에서는 의사소통 과정에서 흔하게 목격되는 문제점을 지적하고, 청중의 지속적인 관심을 유도하기 위해 이러한 문제점을 극복하는 방법에 대해 조언합니다.

학교 또는 청소년 연극단에서 연극을 가르치는 분을 위해 청소년 음성 훈련에 관한 장도 포함하였습니다. 청소년은 연극을 만드는 창조적 힘을 경험하게 되고, 이를 통해 다양한 삶의 기술을 얻습니다. 자신의 음성에 자신감을 갖고 효과적인 의사소통을 하는 것은 가장 중요한 삶의 기술입니다. 그러나 음성, 몸 그리고 마음이 아직 성장하고 있는 청소년들과 함께 작업하는 데는 특별한 집중과 관심이 필요합니다. 이런 경우에는 청소년의 필요와 능력에 따른 맞춤 훈련이 필요합니다. 이 중 일부를 7장에서 여러분과 공유합니다.

음성과 사랑에 빠지기

훈련의 핵심은 자신의 음성과 관계를 맺는 것입니다. 여러분은 훈련을 하며 몸과 음성에 대해 이해하게 될 것입니다. 자세에 대해 생각하고, 호흡의 움직임과 소리의 진동을 느끼기 위해 몸을 만져 보며, 소리와 호흡이 어떻게 변하는지 듣기 위해 경청하고, 몸 안에서 호흡과 소리를 느낄 것입니다. 음성과의 이러한 관계는 평생 동안 지속됩니다. 그리고 점차 올바른 호흡 및 효과적인 발성과 말이 습관화된다는 것을 느낄 것입니다. 아울러 음성을 방해하는 요인을 인식하는 방법을 배우고, 그 요인을 제거하거나 극복하는 방법을 찾을 것입니다.

우리는 자신의 음성을 사랑해야 합니다. 나의 음성을 잘 알고, 보살피고, 지원해야 합니다. 그리고 음성이 성장할 수 있도록 노력을 기울여야 합니다. 책 속의 훈련은 이를 가능하게 하도록 구성되었습니다.

그러니 겁먹지 말고 바로 도전하시기 바랍니다. 음성은 여러분의 것이고, 여러분은 얼마든지 음성을 올바르게 사용하는 방법을 배울 수 있습니다.

우리는 자신의 음성을 사랑해야 합니다.

나의 음성을 잘 알고, 보살피고,

지원해야 합니다.

그리고 음성이 성장할 수 있도록

노력을 기울여야 합니다.

1

음성 알아가기

호흡이 없는 음성이란

존재하지 않습니다.

음성이 여러분에 대해 말해 주는 것

인간의 음성이 작용하는 방식은 특별하지 않습니다. 발성 역시 신체적 활동이기에 올바른 음성이 나오게 하려면 연습을 통해 기술을 향상해야 합니다. 하지만 동시에 발성은 다름 아닌 자아를 표현하는 것이기에 내적인 감정과 외적 압박에 영향을 받습니다.

정체성

우리의 음성은 우리 정체성의 일부이고 우리의 역사를 전달합니다. 음성은 우리의 말투나 언어를 통해 우리가 어디에서 왔는지를 말해 주고 우리를 장소 및 공동체와 연결해 줍니다. 이는 우리에게 중요한 의미가 있을 수 있습니다. 예를 들어 말투와 사투리는 특정한 장소 및 사람들의 역사에 동질감을 느끼게 하여 우리에게 자긍심을 심어 주기도 합니다.

　음성은 우리가 세상과 관계를 맺기 위해서 선택하는 방식 중 하나입니다. 우리는 자신감과 통제력을 보여 주기 위해 크게 말하거나, 사람들이 귀를 기울이도록 조용히 말하면서 소리의 크기를 조절합니다. 배려하거나, 무심하거나, 확고하거나, 비꼬는 등 자신에 대한 이미지를 표현하기 위해 특정한 어조를 사용하기도 합니다. 우리는 본래의 말투를 바꾸거나 소리의 자연적 에너지를 밀거나 억제함으로써 자신을 보호하고 숨기기 위한 음성을 사용할 수도 있습니다. 또한 다소 높거나 낮은음을 사용함으로써 자신의 성별에 대한 표현을 강화할 수도 있습니다.

진실성

여러분이 만약 자기 음성이 마음에 들지 않아 소리를 꾸며 낸다면, 여러분은 사람들의 달갑지 않은 반응에 놀랄 수 있습니다. 공적 영역에서 본연의 음성을 정직하고 진실하게 사용하지 않는 사람들의 말을 들어 보았을 것이고, 장담컨대 여러분은 그런 사람들을 결코 신뢰하지 않을 것입니다. 우리는 청각을 통해 진실성을 인식할 수 있어서 자기 본연의 음성을 사용하지 않는 사람을 신뢰하지 못합니다.

이 책의 훈련은 음성을 인위적으로 변화시키는 것이 아닙니다. 이 훈련은 여러분이 가진 음성을 알아가고, 그 고유의 음성을 일깨우는 것입니다. 배우는 다른 사람으로 분하기 전에 자신을 제대로 알고 스스로에 대해 편안함을 느껴야 하며 정직해야 합니다. 배우는 세상의 진실을 밝히는 것을 목표로 하고, 이를 위해 모든 훈련은 진실의 장소에서부터 출발해야 합니다. 음성 훈련은 배우가 자신의 진실한 음성을 발견하고 그 음성을 자유롭게 하는 방법을 가르치고 익히게 하는 것으로, 진실함에 다가가기 위해 필수적입니다. 여러분은 음성 훈련을 통해 자신의 음성을 제대로 알고, 그 고유의 음성을 완전하게 체화할 수 있을 것입니다.

이 모든 과정을 여러분과 함께하고자 합니다. 이 책의 훈련은 자신의 몸에서 호흡과 음성을 느끼는 방법 및 의사소통과 표현을 위해 음성의 잠재력을 극대화하는 방법을 알려드립니다. 물론 이 과정에서 소리가 변할 수도 있습니다. 올바른 방식으로 훈련한다면 여러분의 소리는 변하더라도 여전히 자기 본연의 음성일 것입니다. 오히려 훈련을 통해 음성이 완전히 자유로워졌기에 여러분의 음성은 예전보다 더 당신다운 음성이 될 것입니다. 여러분의 음성은 더 풍부하게 공명하고 더 넓은 범위를 가지며 더 유연해져 더욱 진실해질 것입니다.

감정

음성은 감정을 표현하는 수단이고, 삶의 여러 자극에 대한 첫 반응이기도 합니다. 우리는 웃고, 울며, '오, 아, 음, 아악'과 같이 즉각적이고 자연스러운 소리로 감정을 표현합니다. 또한 우리의 음성은 우리가 의도치 않더라도 우리가 어떻게 느끼는지를 드러낼 수 있습니다. 친구가 평소와는 다른 심리 상태에 있을 때, 우리는 꼭 친구의 말을 통해서가 아니더라도 음성만으로 친구의 심리 상태를 알아챌 수 있습니다. 불행과 불안은 소리에서 음악성을 사라지게 하는데, 이는 결과적으로 화자가 자신의 이러한 감정을 숨기기 위해 애써 인위적인 소리를 만들어 내게끔 합니다. 자기 불확신과 두려움은 얇고, 높으며, 허스키하거나 조용한 소리를 야기하는 신체적 긴장으로 이어질 수 있습니다.

하지만 행복할 때, 우리의 몸은 이완합니다. 우리는 깊고 자유롭게 숨쉴 수 있고, 이를 통해 우리의 음성 또한 편안하고 자연스러워집니다. 자연스러운 음성은 우리가 이 책을 통해 얻고자 하는 것입니다. 즉 긴장 없이, 맑게 공명하고 듣기에 편안한 음성이 우리의 목표입니다. 그리고 무엇보다 우리는 자신이 진정으로 누구인지를 반영하는 음성을 지향합니다. 최상의 상태일 때, 음성은 다양한 표현력을 가지고 자연스레 우리의 생각에 반응할 것입니다.

다른 사람들의 반응

우리는 음성을 통해 타인으로부터 평가받기도 합니다. 어릴 적 우리는 종종 조용히 하라거나 입을 다물고 있으라는 말을 듣습니다. 성인이 되며 우리는 특정 억양이나 말투가 사회적으로 더 우위에 놓여 있다는 사실을 인식하게 됩니다. 이러한 평가에 대한 인식이 과도하거나 부적절할 경우 발성 장애로 이어질 수 있습니다. 특히 이러한 발성 장애는 공개적이거나 전문적인 상황에서 음성을 사용해야 할 경우 더욱 두드러집니다.

만약 조용히 해야 한다는 강박을 어린 나이에 습득한다면, 자신이 말해야 하는 것들이 중요하지 않은 것이라고 믿게 될 수 있습니다. 이로 인해 너무 빠르거나 불분명하게 말하는 습관이 생길 수 있고, 심지어 말하는 것 자체를 꺼리게 될 수도 있습니다. 만약 자신의 말투나 말하는 방식이 부적절하다고 생각하면, 이는 말하는 데 필요한 충분한 호흡을 저해할 수 있습니다. 말하는 방식에 대한 어떠한 비판도 턱, 목 또는 어깨에 긴장을 초래할 수 있습니다.

그러나 여러분은 지식과 기술을 통해 자신의 음성과 더 건강하고 만족스러운 관계를 형성할 수 있습니다. 더불어 이러한 관계가 선사하는 자신감은 말하기를 어렵게 하는 외부적 압박을 극복하는 데 도움이 됩니다. 이는 하루아침에 이루어지는 것이 아닙니다. 여러분은 훈련을 하고 기술을 습득해야 합니다. 음성을 운용하는 방법을 배우고, 자신만의 음성을 체화하며, 그 고유의 음성과 사랑에 빠지는 것은 자신감을 기르는 데 도움이 될 것입니다. 이를 통해 사람들이 여러분의 말을 듣고 싶어 한다는 것을 느낄 수 있게 될 것입니다. 본래 자신의 것을 되찾는다고 생각하기 바랍니다.

요약

- 자신의 음성과 그 음성이 여러분에 대해 알려 주는 것을 생각해 보

세요. 음성이 여러분의 성장 배경에 대해서 어떤 것을 알려 주나요?

- 음성이 여러분의 감정과 여러분 자신의 뚜렷한 정체성을 드러내나요? 아니면 여러분은 음성을 통해 자신을 감추려고 하나요?
- 본연의 소리가 아니라, 일부러 다른 소리를 내려고 노력하고 있나요?
- 여러분 본연의 음성과 사랑에 빠져 보세요. 이 책을 통해 음성을 보살피고 성장시켜 보세요.

음성이 작용하는 방법 - 호흡

호흡을 어떻게 하는지 생각해 본 적 있나요? 호흡과 말하기의 관계에 대해 생각해 본 적은요? 숨이 차서 말을 제대로 할 수 없을 때는 어떤가요? 호흡과 음성은 평소 조화를 이루어 작동하기 때문에, 대부분의 사람들은 이런 특수한 상황에 놓이지 않고서는 자신의 호흡과 음성의 관련성에 대해 생각해 볼 기회를 갖기 어렵습니다. 사람들은 회의를 주재하거나, 종일 전화로 일을 하거나, 가르치거나, 설교하거나, 연기할 때처럼 호흡을 특별히 신경 써야 하는 상황에서나 자신의 호흡에 주의를 기울입니다. 하지만 호흡이 없는 음성이란 존재하지 않습니다. 조용히 앉아 자신의 몸이 어떻게 호흡하고 있는지 느껴 보세요. 코를 통해 나가고 들어오는 공기의 흐름을 가장 쉽게 인식할 수 있을 것입니다. 이는 우리가 생존을 위해 조용히 숨을 쉬는 방법입니다. 더욱 격렬한 호흡이 필요한 경우, 우리는 입을 통해 숨을 쉽니다. 달리기를 하거나 운동 수업을 받을 때를 떠올려 보세요. 입을 통한 호흡이 큰 숨을 빠르게 들이마시는 데 효과적입니다. 말을 할 때 역시 생존을 위한 호흡보다 더 많은 호흡이 필요합니다. 따라서 말을 할 때도 일반적으로 입을 통해 숨을 쉬게 됩니다.

하지만 많은 사람들이 장시간 말을 할 때, 음성이 효과적이고 건강하게 작용하도록 하는 충분한 호흡을 하지 않습니다. 음성이 올바르게 작용하기 위해서는 깊은 호흡이 필요합니다. 앉아서 자신의 호흡에 관심을 기울여 보세요. 허리와 배 주변에서 미세한 움직임이 느껴지나요? 이는 공기가 폐의 바닥 부분까지 내려가도록 돕기 위해 횡격막이 움직이는 것입니다 (이 부분에 대해서는 이 장의 후반부에서 더욱 자세히 말씀드리겠습니다). 만약 이러한 움직임이 느껴지지 않고, 오직 가슴 윗부분에서만 움직임이 느껴진다면, 여러분은 '얕은' 호흡을 하고 있는 것입니다. 이 책의 훈련은 여러분이 깊게 호흡할 수 있도록 도와, 음성이 보다 많은 자유와 힘을 갖도록 할 것입니다.

만약 자신의 호흡을 관찰하고 탐구하는 것이 익숙하지 않다면, 여러분은 갑자기 호흡이 힘들게 느껴지거나, 필요한 숨보다 더 많은 숨을 들이마시는 것과 같은 느낌을 받을 수 있습니다. 그러나 이러한 느낌은 곧 사라질 것입니다. 훈련을 통해, 여러분은 호흡 메커니즘에 대한 이해를 바탕으로 자신의 호흡을 적절하게 운용할 수 있고, 깊은 호흡의 쉽고 자연스러운 패턴을 계발할 수 있습니다.

호흡이 청자에게 미치는 영향

우리는 주변의 화자를 따라 하는 경향이 있습니다. 만약 화자가 목을 조이는 소리를 낸다면, 우리도 목에서 긴장감을 느낍니다. 만약 화자의 숨이 얕다면, 우리도 가슴이 답답하다고 느끼기 시작합니다. 화자가 말을 할 때, 숨을 쉬기 위한 충분한 시간을 가지지 않는다면, 우리 역시 화자가 하는 말을 소화하는 데 충분한 시간을 가질 수 없습니다.

일상적인 상황에서 말을 할 때, 우리는 새로운 생각이나 의견이 생기면 들숨을 쉽니다. 하지만 공적인 상황에서 말하는 것에 대한 불안감은 이러한 본능을 저해하고, 편안하게 말하는 데 필요한 충분한 호흡을 방해합니다. 여러분이 생각, 호흡, 말하기 사이의 연결성을 인식하고, 이러한 연결이 별다른 노력 없이 쉽게 일어난다면, 청자는 여러분을 더욱 잘 이해하고, 한층 편안함을 느낄 것입니다.

호흡은 여러분의 말에 생기를 불어넣습니다. 그리고 이러한 생기는 청자의 흥미를 불러일으킵니다. 이는 큰 소리로 읽는 것을 포함한 모든 말하기에 적용됩니다. 여러분이 숨을 쉴 충분한 여유를 가진다면, 청자의 지속적인 집중을 유도할 수 있습니다. 반대로, 여러분의 생각이 급하게 포개져서, 청자가 여러분의 생각을 따라오지 못한다면, 청자는 여러분의 말에 금세 흥미를 잃을 것입니다.

또한 우리는 들숨을 통해 목의 긴장을 풀 수 있습니다. 목이 조여 온다면 숨을 들이쉬면서 목의 긴장을 의식적으로 놓아주세요. 지금 바로 시도해 보세요. 입을 약간 벌리고 숨을 쉬면서 목구멍의 긴장이 이완되는지 살펴보세요(우리는 말을 할 때, 보통 입으로 숨을 쉽니다).

목구멍 안쪽으로 들어가는 혀 뒷부분의 이완에 집중하는 것이 도움이 될 수 있습니다. 그리고 집게손가락과 엄지손가락으로 턱 밑에서 시작하여 목 앞부분을 부드럽게 쓰다듬는 것도 도움이 될 수 있습니다. 목구멍의 긴장이 이완되는 게 느껴지나요? 만약 그렇다면, 여러분은 음성에 영향을 줄 수 있는 신체적 변화를 어떻게 만들 수 있는지 깨닫기 시작한 것입니다.

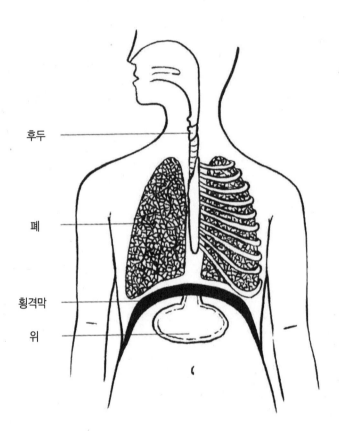

후두

폐

횡격막

위

호흡이 작용하는 방법

폐는 서양 배 모양을 하고 있는데, 윗부분보다 아랫부분의 용적이 더 넓습니다. 폐는 좌우 늑골 12쌍, 즉 갈비뼈 24개로 이루어진 흉곽으로 둘러싸여 있습니다. 상단 7쌍의 갈비뼈는 뒤쪽으로 척추와 앞쪽으로 흉골에 붙어 있습니다. 이 7쌍의 갈비뼈를 '진늑골'이라고 부릅니다. 다음 3쌍의 갈비뼈는 흉골에 직접 붙어 있지는 않지만, 연골에 의해 서로 연결되어 있습니다. 이 3쌍의 갈비뼈를 '가늑골'이라 부릅니다. 마지막 2쌍은 흉골과는 전혀 연결되지 않은 채, 뒤쪽 척추와 붙어 있습니다. 이 2쌍의 갈비뼈를 '부유 늑골'이라고 부릅니다. 가늑골과 부유 늑골은 흉골에 고정되어 있지 않기 때문에 폐의 바닥에 공기가 차오르면 더 쉽게 움직일 수 있습니다.

흉곽 하단 가장자리 사방에 붙어 있는 얇은 막을 '횡격막'이라고 합니다. 횡격막은 가슴의 바닥이 되고, 배의 천장이 되면서 우리 몸을 반으로 나누는 유연하고 볼록한 돔 모양의 근육판입니다(횡격막은 몸의 앞부분에만 있는 것이 아닙니다).

만져 보기

양손의 손가락을 이용해서 흉골의 맨 아랫부분을 찾습니다. 꽤 높은 곳에 있죠? 이제 양쪽 흉곽 맨 아랫부분을 손끝으로 더듬으며 두 손이 척추에서 만날 때까지 뒤쪽으로 이동합니다. 여러분은 지금 횡격막 가장자리를 손끝으로 만져 보았습니다. 우리가 들숨을 쉴 때, 이 횡격막이 밑으로 내려가면서 복부의 장기들을 아래로 그리고 약간 앞으로 밀어냅니다. 여러분은 배우들이 배나 복부로 호흡하면서 음성을 운용한다는 이야기를 들어본 적이 있을 것입니다. 이러한 호흡 감각과 음성 운용 능력은 바로 이 횡격막의 움직임에서 나옵니다.

노래를 부르거나 무대나 넓은 공간에서 큰 소리를 내기 위해 호흡할 때, 흉곽은 폐로 더 많은 공기가 들어갈 수 있도록 폐가 최대한 확장될 수 있는 공간을 제공하기 위해 넓어집니다. 이러한 움직임은 흉곽의 윗부분이 아니라 아래 갈비뼈 부분에서 가장 강력하게 일어나야 합니다.

시도해 보기

숨을 들이쉬면서, 허리 부분의 갈비뼈들이 넓어지고, 복부가 조금 앞으로 나오는 것을 느낄 수 있는지 확인해 보세요. 이것을 느낄 수 없다면, 가슴 윗부분으로만 호흡하고 있는 것입니다. 이는 앞서 언급한 '얕은' 호흡입니다. 숨을 크게 들이쉬어 보세요. 어떤 일이 일어나나요? 가슴이 부풀어 오르고, 어깨가 올라가는 것처럼 느껴지나요? 만약 그렇다면, 이 호흡은 말하는 데 있어 유용한 호흡이 아닙니다. 비록 아주 작은 숨을 쉬더라도, 이런 얕은 호흡의 움직임은 가슴을 후두 쪽으로 밀어 올리고, 목구멍의 공간과 혀의 움직임을 제한합니다.

복부는 어떠한가요? 힘을 주고, 납작하게 하고 있었나요? 앉아 있었다면 아마도 복부 근육이 이완된 상태였을 것입니다. 자, 일어나 보세요. 반사적으로 배를 안으로 끌어당겼나요? 복근의 힘을 풀고 다시 깊은 호흡을 시도해 보세요. 이제는 복부로 내려가는 횡격막의 움직임을 느낄 수 있을 것입니다.

복부 근육을 이완하는 것은 생각보다 훨씬 어려울 수 있습니다. 우리는 날씬해야 한다는 사회적 압력을 받곤 합니다. 특히 배 부분이 날씬해야 한다고 생각하죠. 또 우리는 종종 압박을 받거나 두려움을 느낄 때, 즉각적인 행동을 취할 수 있도록 근육을 긴장시키는 본능이 있습니다. 체육 선생님이 코어 힘을 기르기 위해 복부 근육을 조이도록 장려했을 수도 있습니다. 어떤 이유로든 긴장이 습관이 되었을 수 있습니다. 하지만 음성의 잠재력을 최대한 발휘하고 싶다면 복부 근육을 놓아줄 수 있어야 합니다.

2장과 3장의 호흡 훈련들은 여러분이 깊은 호흡을 할 수 있도록 도와줄 것입니다.

요약

- 숨을 쉬면서, 몸에 어떠한 변화가 일어나는지 탐험하는 시간을 가지세요. 횡격막과 갈비뼈의 움직임에 익숙해지세요.
- 깊고 효과적으로 호흡하기 위해서 복부 근육을 이완하는 것을 연습하세요.
- 여러 사람 앞에서 말을 해야 할 때, 매 새로운 생각마다 숨이 들어오도록 하세요. 청자가 여러분의 말을 더 잘 이해할 수 있을 것입니다.

음성이 작용하는 방법 — 발성

우리는 말할 때 폐에 있는 공기를 내보내면서 날숨을 쉽니다. 음성은 목에 있는 성대가 몸을 빠져나가는 공기를 진동시키면서 만들어집니다(날숨의 흐름은 성대 주름에 진동을 일으키고, 진동하는 성대 주름은 날숨이라는 매질에 파동, 즉 음파를 부여합니다*). 이 진동하는 공기가 바로 소리이며, 이 소리는 목구멍을 통과해 말이 만들어지는 입으로 이동합니다.

우리는 할 말이 생기면 숨을 들이쉬고, 내쉬면서 말합니다.

---

* 별표가 붙은 괄호 안 내용은 옮긴이의 보충 설명입니다.

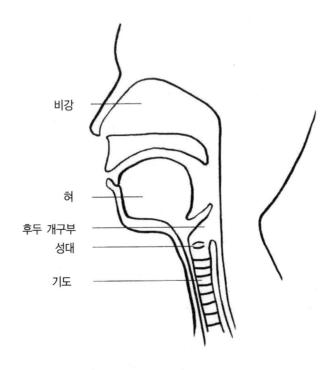

비강 —

혀 —

후두 개구부 —
성대 —

기도 —

성대는 울대뼈 안쪽 후두부에 자리 잡고 있습니다. 성대는 소리를 내기 위해 성대 주름 사이로 통과하는 공기를 진동시키는 근육들을 총칭합니다. 성대 위쪽에는 성대에서 만들어진 소리가 일차적으로 증폭할 수 있는 공간이 있습니다(이 공간은 후두실이라 불립니다. 후두실은 성대를 통해 나온 소리가 최초로 공명하는 곳으로, 진성대와 가성대 사이의 작은 공간을 말합니다*). 이 공간을 통과한 후 소리는 구강, 비강 및 부비강에서도 증폭됩니다.

비록 남성의 울대뼈처럼 눈에 띄지는 않지만, 여성에게도 울대뼈가 존재합니다. 후두를 느끼려면 손가락으로 목 앞부분을 더듬어 살펴보세요. 목에 있는 유연한 연골 기둥이 바로 후두입니다. 후두 중간에 울대뼈의 울퉁불퉁한 지점이 느껴지나요? 가볍게 허밍을 하면, 울대뼈 안쪽 성대에서 울리는 진동을 느낄 수 있을 것입니다. 턱밑까지 오는 진동을 느낄 수 있나요? 얼굴과 코에서도 진동을 느낄 수 있을 것입니다.

음성을 방해하는 신체의 긴장

목구멍의 공간은 다른 신체 부위의 긴장에 의해 쉽게 영향받습니다. 어깨를 조금 긴장시켜 보세요. 목구멍에서 어떤 느낌이 드나요? 어금니를 꽉 다물어 보세요. 목구멍에도 힘이 들어가나요? 입꼬리를 팽팽하게 당겨 보세요. 목구멍이 조여지는 게 느껴지나요? 이러한 긴장은 목구멍의 공간을 수축시키고, 입과 코안의 공간도 위태롭게 만듭니다. 만약 여러분이 습관적으로 이런 신체 부위를 긴장시키는 버릇이 있다면, 특히 크게 말하거나 오랜 시간 말해야 할 때 소리를 몸 밖으로 내보내기 위해 애쓰면서, 여러분의 음성은 쉽게 피곤해질 것입니다. 따라서 목구멍 공간에 영향을 미치는 신체 부위가 긴장되지 않게 하는 것은 매우 중요합니다.

자세가 음성에 미치는 영향

불안감은 발성에 영향을 미치는 신체 부위에 긴장을 불러일으킵니다. 그러나 올바르지 않은 자세야말로 발성 관련 근육과 기관을 긴장시키는 주된 원인입니다. 몸의 어느 부분에서 주로 긴장이 느껴지는지를 묻는다면, 여러분은 아마 목이나 어깨라고 대답할 것입니다. 우리 대부분은 목과 어깨에 긴장이 발생하는 것을 자주 경험합니다.

평소 어떻게 앉아 있는지 한번 생각해 보세요. 온종일 책상이나 컴퓨터 앞에서 일하고 있다면, 혹시 등이 구부정하게 굽어 있지는 않나요? 가슴을 앞으로 무너지게 하고 앉아 배와 횡격막을 짓누르고 있지는 않나요?

화면을 보느라 머리가 뒤로 기울어져 있어 목덜미를 누르고 있지는 않나요?

서 있을 때는 어떠한가요? 지금 일어나서 여러분의 평소 자세를 살펴 보세요. 전신 거울을 통해 자세를 확인하는 것도 좋은 방법입니다. 어깨를 움츠리거나 구부정하게 하고 있나요? 가슴을 무너뜨리고 있나요? 엉덩이 를 앞으로 밀고 있나요? 아니면, 반대로 허리를 C자 모양으로 휘게 하고 가슴을 치켜들고 있나요?

이처럼 습관적으로 취하는 잘못된 자세는 목, 어깨 그리고 목구멍에 긴장을 불러일으킬 수 있습니다. 또한 이러한 자세는 호흡의 자유로운 흐 름까지 방해합니다. 그러나 목을 척추의 연장선으로 상상하면서 척추가 길 어지는 느낌으로 바르게 선다면 이러한 긴장과 방해를 예방할 수 있습니 다. 둥글게 말려 구부러진 어깨는 목과 허리 부분에 많은 부담을 주게 됩 니다.

요약

- 목구멍에서 울리는 소리의 진동을 느끼고 즐겨 보세요. 우리는 숨을 내쉬면서 말을 합니다.
- 어깨, 턱, 입의 습관적 긴장은 음성을 방해하므로, 늘 이를 의식하면 서 이완하도록 노력하세요.
- 척추가 길어지는 느낌으로 바르게 서는 것을 기억하세요. 올바른 자 세는 음성 훈련에서 중요한 부분입니다.

음성이 작용하는 방법 ― 조음

명확하게 말하기

진동하는 소리가 입으로 들어오면, 혀, 입술, 턱(조음기관)의 움직임을 통해 말로 표현됩니다. 그러나 앞서 설명했듯이 얼굴과 목 주변의 긴장은, 우리가 말을 할 때 이 조음기관의 자유로운 움직임을 방해합니다. 여러분이 조음기관을 자유롭게 움직일 수 있다면, 더 다양하고 풍부한 표현이 가능해질 것입니다.

명확하고 편안한 화법으로 말하려면 인위적인 노력이 없어야 합니다. 우리의 목표는 소리와 말의 명료함을 강요하지 않는 것입니다. 청자는 여러분이 어떠한 방식으로 말하는지가 아니라 여러분이 말하는 내용에 오롯이 집중할 수 있어야 합니다.

▌명료한 말은 노력이 아니라 자유로운 상태에서 옵니다.

만약 여러분이 정확히 발음하고자 너무 많은 노력을 기울인다면, 오히려 근육을 긴장시키고 목, 코, 그리고 입안의 소리 공간을 닫히게 할 수 있습니다. 이는 불필요한 긴장을 유발합니다. 우리는 말을 할 때, 치아 사이의 공간을 의식하려고 해야 합니다. 그래야 턱 근육이 이완되고, 혀가 자유롭게 움직일 수 있는 공간을 확보할 수 있습니다.

자연스러운 음성,

즉 긴장 없이, 맑게 공명하고

듣기에 편안한 음성이

우리의 목표입니다.

자음

자음 소리는 입술과 혀의 움직임을 통해 만들어지고(자음 ㅎ은 성대 주름 사이에서 만들어집니다*), 명확히 말하는 데 매우 중요한 역할을 합니다. 특히 혀의 움직임은 놀라울 정도로 정교합니다. 혀는 혀끝, 혀 중간 부분, 혀 뒷부분을 사용하여 자음 사이를 아주 빠르게 움직입니다. 이러한 혀의 움직임은 입안에 충분한 공간이 있을 때 더욱 쉬워집니다. 혀의 움직임이 쉬울수록 소리도 더욱 명료해질 수 있습니다.

　　훈련을 할 때, 저는 종종 자음 소리를 내라고 합니다. 자음 ㄷ, ㄸ, ㅌ, ㄴ, ㄹ, ㅅ, ㅆ을 소리 내어 보세요. 이 자음은 혀끝이 치조(윗니 뒤쪽에 볼록 튀어나온 단단한 부분*)에 닿거나 접근하여 만들어집니다. 자음 ㅈ, ㅉ, ㅊ을 소리 내어 보세요. 이 자음은 혀의 중간 부분이 경구개(딱딱한 입천장 부분*)에 닿아서 나는 소리입니다. 자음 ㄱ, ㄲ, ㅋ, 받침 ㅇ을 소리 내어 보세요. 이 자음은 혀의 뒷부분이 연구개(입천장 뒤쪽에 비교적 연하고 무른 부분*)에 닿아서 만들어지는 소리입니다. 아랫입술이 윗입술에 닿아서 만들어지는 자음은 ㅁ, ㅂ, ㅃ, ㅍ입니다. 입안에 더 많은 공간이 있으면, 입술도 더 많은 에너지를 가지고 더욱 자유롭게 움직일 수 있습니다.

　　2장과 3장에서는 텅 트위스터(tongue-twister: 발음하기 어려운 문장*)를 포함한 몇 가지 발음 훈련을 제공합니다. 이 훈련에서는 명확하고 정확하게 발음하기 위해 각기 다른 자음을 반복하여 소리 냄으로써 혀와 입술의 근육을 훈련합니다.

요약

－　명료한 말은 노력이 아닌 자유로움에서 발현됩니다. 자연스럽게 소리

내기보다는 억지로 소리를 밀어내고 있지는 않나요?

- 혀가 자음 사이를 자유롭고 빠르고 정확하게 움직일 수 있도록 윗니와 아랫니 사이에 충분한 공간이 있는지 확인하세요. 명확하게 말하는 데 도움이 될 것입니다.

- 자음은 혀끝, 혀의 중간 부분, 혀의 뒷부분 그리고 입술의 움직임에 의해 만들어집니다.

- 자음을 소리 내어 보면서 각기 다른 조음기관의 움직임을 확인해 보세요.

음성 돌보기

몸의 다른 부분과 마찬가지로, 여러분은 식습관과 운동을 통해 음성을 보살펴야 합니다.

수분 유지하기

무엇보다도 건강한 음성을 위해서는 수분이 필요합니다. 장시간 음성을 사용하면 성대는 수분을 잃게 됩니다. 즉, 성대 주름이 서로 잘 움직이도록 돕는 성대를 덮고 있던 점액이 걸쭉해집니다. 이러한 상태에서는 성대가 제대로 진동하지 못하여 손상될 수 있습니다. 반면에 수분을 유지하면 점액이 묽고 미끈거려 성대가 순조롭게 진동할 수 있습니다.

매일 1.5~2리터 정도의 물을 마시는 것이 좋습니다. 시간당 약 125ml 정도의 물을 마시도록 노력하세요. 이는 성대 내부까지 수분을 공급하고, 음성적으로도 신체적으로도 여러분의 피곤함을 덜어줄 수 있습니다.

또한 뜨거운 증기를 사용해서 외부로부터 성대에 수분을 공급할 수도 있습니다. 머리에 수건을 쓴 채 뜨거운 물이 담긴 그릇 위에서 숨을 쉬는 방법도 좋고, 미용이나 의료용 스팀기를 이용할 수도 있습니다. 격렬하게 음성을 사용하거나, 목이나 가슴에 염증이 있는 경우에도 증기를 쐬는 것이 좋습니다. 아침, 저녁으로 한 번씩, 공연을 하는 경우에는 공연 시작 한 시간 전에 증기를 쏘이기 바랍니다. 물에는 아무것도 첨가하지 않는 것이 좋습니다.

건강한 식단

건강한 음성을 위해서는 건강한 몸이 필요합니다. 따라서 의사와 영양사가 권장하는 대로 균형 잡힌 식사를 하고, 규칙적으로 운동해야 합니다. 음성에 나쁜 영향을 미치는 특정한 음료와 음식은 적당히 섭취해야 합니다.

카페인과 알코올은 이뇨작용을 하므로 몸에서 수분을 앗아 갑니다. 카페인과 알코올의 섭취량을 조절하고, 충분한 물을 마시도록 노력해야 합니다.

유제품은 카타르(기도에 가장 많이 생기는 염증으로 많은 양의 점액을 분비합니다*)를 유발하여, 과도한 점액이 생기게 할 수 있습니다. 만약 감기 기운이나 염증이 있어 목 상태가 좋지 않다고 느껴진다면, 유제품 섭취를 줄여 보시기 바랍니다.

아침에 목이 아프고 목소리가 자주 쉰다면 위산 역류가 있을 수 있습니다. 위산 역류는 위액이 위장에서 목구멍으로 올라오는 질환으로, 성대에 악영향을 미칩니다. 맵고 기름진 음식과 탄산음료를 즐겨 섭취하는 버

룻은 이러한 문제를 야기할 수 있습니다. 또한 저녁 시간에 일하는 배우에게서 흔히 볼 수 있는 수면 직전에 음식을 섭취하는 습관도 위산 역류를 유발하는 하나의 원인이 됩니다. 그러나 이러한 증상은 다른 의학적 질환에 의해 발생할 수도 있으므로 항상 의사의 조언을 들어 보길 바랍니다.

자극물

흡연은 성대를 심각하게 건조시키고, 폐 기능에 악영향을 미칩니다. 오랜 흡연 습관은 저음과 거친 소리를 나게 하고, 소리가 몸 밖으로 멀리 나가는 것을 어렵게 만듭니다. 담배 연기는 폐의 기능을 손상시켜 지속적인 기침을 유발하고, 폐활량의 감소를 초래합니다.

아스피린 또는 아스피린 성분을 포함한 진통제는 혈액의 응고를 억제하는 특성으로 인해 성대 출혈을 야기할 수 있습니다. 따라서 발성에 문제가 있는 경우, 아스피린 성분이 함유된 제품의 섭취나 가글은 피해야 합니다.

천식 및 기타 폐 질환용 흡입기는 흡입 보조기와 함께 사용해야 합니다(약국에서 구매할 수 있습니다). 흡입 보조기는 한쪽 끝에 마우스피스가 있고, 반대쪽 끝에는 에어로졸 흡입기를 위한 구멍이 있는 대형 플라스틱 또는 금속 용기입니다. 흡입 보조기는 약물을 폐로 직접 전달하여, 약물에 의해 입과 목이 자극되는 것을 방지합니다. 흡입기를 사용한 후에는 반드시 입을 물로 헹구기 바랍니다.

음성 휴식하기

음성을 혹사시켰다면, 여러분의 음성에게 휴식을 주는 것은 매우 중요합니다. 여기서 휴식이란, 하루나 이틀 정도의 완전한 침묵을 의미합니다. 속삭이는 것도 허용되지 않습니다. 속삭이는 것은 지친 성대에 오히려 더 많은 부담을 줄 수 있습니다. 업무로 인해 말을 지속해야 한다면, 침묵할 틈이 있을 때마다 놓치지 말고 최대한 침묵하세요. 장시간 소리를 내지 않았거나, 목이 쉰 경우에는, 전문적으로 음성을 사용하기에 앞서 반드시 올바른 워밍업이 필요합니다.

요약

- 수분을 충분히 섭취하세요. 이는 건강하고 효과적인 음성 작용을 위해 필수적입니다.

- 건강하고 균형 잡힌 식단은 건강한 음성에 도움이 됩니다. 성대를 자극하거나 건조하게 하는 물질을 섭취하고 있나요? 이러한 자극물의 섭취를 조절하거나 끊어 보세요.

- 침묵을 통해 음성에게 휴식을 주는 것은 혹사당한 음성의 회복에 도움이 됩니다. 전문적으로 음성을 사용하기에 앞서 음성을 워밍업하세요.

2
음성 훈련─1단계

신체적 긴장을 이완하면

우리의 음성 능력도

자유롭게 발휘됩니다.

이 장의 훈련을 통해, 여러분은 음성을 지지하기 위해 자유롭고 깊이 호흡하는 방법을 터득할 것입니다. 또한 이 훈련은 공명을 향상하고 소리를 효과적으로 열어 명확하게 말할 수 있도록 도움을 줍니다. 음성 워밍업을 위해 이 훈련을 적용할 수 있고, 시간을 내어 꾸준히 훈련을 반복한다면 발성 기술을 향상할 수 있을 것입니다.

만약 여러분이 연극배우라면, 매 공연에 앞서 음성 워밍업을 해야 합니다. 영국 국립 극장의 배우들은 공연을 약 한 시간 앞두고 워밍업을 시작합니다. 혹시 여러분이 선생님이거나, 직업상 음성을 지속해서 사용해야 한다면 아침 시간대에 워밍업을 할 것을 추천합니다. 훈련에 익숙해지면, 여러분은 워밍업을 짧은 시간에 마칠 수 있습니다. 평소와 다르게 시간에 쫓겨 서두르는 상황이라면, 이동 중에도 워밍업이 가능합니다. 물론 연설과 같은 특별한 이벤트가 있다면, 시간을 충분히 갖고 워밍업을 하시기 바랍니다.

전문적으로 음성을 사용하는 것은 육상경기를 치르는 것과 같습니다. 육상 선수들은 경기 전에 반드시 워밍업을 한다는 사실을 잊지 마세요.

저는 일반적으로 영국 국립 극장 배우들과 워밍업을 하는 데 15분에서 20분 정도를 할애합니다. 하지만 공연을 위한 배우들의 워밍업은 신체적 워밍업을 포함하는 경우도 있기 때문에, 평균적으로 30분 정도가 소요됩니다. 4장에서는 2장의 훈련을 기반으로 한 간결한 음성 워밍업을 소개해 드리겠습니다.

여러분이 전문 연극배우라면, 이번 장과 3장에서 유용하다고 생각되는 훈련들로 하나의 연습 레퍼토리를 구성하는 것도 가능합니다. 반면 일상생활에서 음성을 효과적으로 사용하는 방법을 이해하려는 분이라면, 여러분의 몸이 올바른 호흡과 말하기 습관을 체득할 때까지 이 장에 있는 훈련을 연습해 나가는 것으로 충분할 것입니다.

음성 훈련을 할 때

언제든지 여러분이 편한 시간에 음성 훈련을 하면 됩니다. 말하기 습관을 얼마나 빠르게 변화시키고 싶은지에 따라 일주일에 한두 번 혹은 매일 훈련해 보세요. 처음에는 훈련의 기술을 흡수하고 이해하는 데 충분한 시간이 필요합니다. 하지만 몸 안에서 호흡과 말하기가 어떻게 작용하는지를 터득하고 나면, 훈련을 쉽게 수행할 수 있을 만큼 기술에 대한 이해가 높아질 것입니다.

이 장의 마지막 부분에는, 프레젠테이션을 하거나 강의실 또는 무대에 들어서기 직전에 사용하면 유용할 체크리스트가 있습니다. 4장의 간결한 워밍업은 여러분이 이 장의 훈련을 충실히 익혀야만 유용합니다.

여러분은 이 장의 훈련을 위해 영국 국립 극장의 무료 훈련 영상을 참고할 수 있습니다. 영상은 유튜브(www.youtube.com/ntdiscovertheatre)와 아이튠즈 U(http://itun.es/i6Bv9gt#iTunes)에서 볼 수 있습니다.

훈련할 준비가 되었다면, 호흡, 공명, 음성 열기, 조음으로 구성된 네 파트의 훈련을 진행합니다.

준비 - 스트레칭, 자세 및 복부 이완

스트레칭

상체를 스트레칭하면 어깨 관절이 이완되고 흉곽이 열리며 자세가 조정됩니다. 스트레칭하는 매 순간을 즐겨보세요.

양발을 골반 너비로 벌리고 서세요.

팔을 몸 앞으로 뻗고 다른 손으로 뻗은 팔의 손목을 잡으세요. 이제 어깨 관절과 갈비뼈들이 펴지며 스트레칭될 때까지 몸 바깥 방향을 향해 손으로 팔을 부드럽게 당깁니다.

당기는 방향을 약간 변경하여 스트레칭되는 부위가 달라지게 합니다. 그런 다음 팔을 머리 위로, 바닥을 향해 아래로 당깁니다. 어느 방향으로든 자유롭게 당겨 보세요. 어깨 관절, 허리 그리고 골반을 쭉 펴면서 스트레칭하세요.

언제든지 원하는 대로 스트레칭의 방향과 각도를 변경할 수 있고 언제든지 손을 바꿀 수 있습니다.

다시 골반 너비로 발을 벌리고 바로 서세요.

자세와 복부 이완

무릎이 이완되어 굽혀진 상태로 상체를 앞으로 털썩 놓으며 허리에 느슨하게 매달리게 하세요. 머리가 매달려 있게 두고 목도 느슨하게 두세요.

숨을 깊게 들이쉬고 호흡의 움직임이 어떻게 등 아래쪽을 지나 흉곽을 확장하고 있는지 인식해 보세요. 복부가 이완되도록 하고 허벅지 위쪽에 닿은 복부가 호흡에 따라 움직이고 있는 것을 느껴 보세요.

척추뼈를 하나씩 쌓는 것처럼 상체를 올리고 이완된 복부로 호흡하는 느낌과 연결을 유지할 수 있는지 관찰해 보세요. 상체를 올릴 때 가슴, 어깨, 또는 턱이 올라가지 않도록 하세요.

다시 섰을 때, 무릎을 완전히 펴지 않도록 주의하세요. 무릎은 뒤쪽이 긴장될 만큼 뻣뻣하게 펴지 말고 자연스럽고 부드럽게 두세요. 무릎을 긴장시키는 것은 몸 전체에 긴장을 유발하고 호흡을 자유롭지 못하게 합니다.

바닥에 닿는 발의 무게를 인식하세요.

복부 깊은 곳까지 호흡이 들어옵니다.

이것이 중심을 인식하는 방법입니다.

▌ 피곤하거나 깊은 호흡과의 연결이 끊어질 때 언제든지 털썩 떨어뜨리듯이 상체를 굽혀 허리에 상체가 매달려 있게 하는 것이 도움이 됩니다. 이러한 자세를 취하면 어깨와 목 그리고 복부가 이완되고, 뇌로 혈액이 잘 공급됩니다. 그래서 다시 몸을 세우고 중심을 인식하면, 상쾌한 기분이 들고 호흡하는 것이 더 쉬워집니다.

호흡 – 음성을 지지하기 위해 깊은 호흡하기

깊은 호흡하기

이 호흡 훈련은 목, 어깨, 가슴의 긴장 없이 깊게 호흡하는 방법을 가르쳐 줍니다. 또한 호흡량을 늘리는 데도 도움이 됩니다.

훈련은 성대가 진동하지 않는 무성음인 자음 'ㅅ(스)' S를 사용하면서 시작합니다. 그 후, 성대가 진동하는 유성음인 자음 'ㅈ(즈)' Z로 옮겨 가고,

마지막에는 단어로 옮겨 갑니다.

쪼그리고 앉은 자세를 취할 수 있으면 쪼그려 앉으세요. 이 자세에서는 마치 몸통의 바닥 부분으로 바로 호흡이 들어오는 것처럼 숨이 더 깊게 몸속으로 들어가는 것을 느낄 수 있습니다.

호흡의 움직임으로 골반대(골반대는 엉덩이와 골반 부분을 말합니다. 구체적으로 설명하자면 장골, 천골, 미골로 형성된 부위를 일컫습니다*)와 아래 갈비뼈 부위에서 '호흡통'을 느낄 수도 있습니다. 이 부위는 강력한 호흡 근육들이 모두 위치해 있는 곳입니다.

필요한 경우 의자에 앉아 무릎 위로 상체를 털썩하고 맡기세요. 이 자세에서도 위에 언급된 깊은 호흡과 호흡의 움직임이 느껴져야 합니다.

골반으로 호흡하는 느낌과 복부가 부드럽게 이완된 상태를 유지하면서 천천히 척추뼈를 하나씩 쌓으면서 올라옵니다.

몸의 긴장을 이완하고 처음으로 숨을 아주 깊게 쉬기 시작하면, 감정적인 반응을 느낄 수도 있습니다. 이러한 반응을 걱정하거나 억제하지 마세요. 신체적 긴장이 어떻게 자유로운 호흡과 발성을 방해하는지에 대해 언급한 바 있습니다. 인간의 방어 본능은 매우 강력하며, 여러분은 습관적인 신체적 긴장이 종종 어려운 순간에 대한 반응이라는 것을 알고 계실 겁니다.
때때로 이러한 신체적 긴장은 힘겨웠던 사건이나 정신적인 외상을 초래할 정도로 대단히 충격적인 사건에 대한 기억을 간직할 수도 있습니다.

이러한 기억이 수면 위로 떠오른다면, 어떠한 종류의 도움이라도 필요한 지원을 반드시 받으시기 바랍니다. 하지만 일반적으로 우리가 긴장을 놓아주면, 우리 몸은 편히 이완합니다. 그리고 이러한 몸의 이완은 눈물로 표현되기도 합니다. 저도 이러한 반응을 경험한 적이 있는데, 이 반응을 겪을 수 있어 기뻤습니다. 이처럼 몸이 이완되면 우리는 울 수도, 웃을 수도, 아니면 그냥 숨을 쉴 수도 있습니다. 하지만 여러분이 어떤 반응을 보이든, 신체적 긴장의 이완이 여러분의 음성 능력을 자유롭게 한다는 점에는 의심의 여지가 없습니다.

음성 지지하기

말하기 위해 효과적으로 호흡을 사용하는 것을 흔히 '지지'한다고 말합니다. 곧이어 소개될 훈련 1과 2를 통해 여러분은 호흡으로 음성을 지지하는 방법을 배우게 될 것입니다. 이 훈련들은 모든 음성 워밍업을 시작하는 훈련이며, 성대를 진동시키는 공기의 일정한 흐름을 생성하도록 설계되었습니다.

　서기, 앉기, 쪼그리고 앉기, 바닥에 등을 대고 눕기 등 어떤 편안한 자세로든 다음의 호흡 훈련을 할 수 있습니다. 다만 바닥에 등을 대고 누운 자세에서는 복부 근육이 쉽게 이완되어 호흡 시 복부가 더 자유롭게 반응하는 것을 느낄 수 있습니다. 따라서 바닥에 등을 대고 누운 자세로 시작할 것을 추천합니다. 특히 무릎을 구부려 위로 향하도록 하고 발바닥 전체가 바닥에 닿은 자세로 눕는 것이 가장 좋습니다. 이 자세는 등 아래쪽 허리 부분이 서 있을 때보다 더 열리도록 도움을 줍니다. 자세가 불편하다면 가만히 있지 말고, 언제든 자세를 변경하세요.

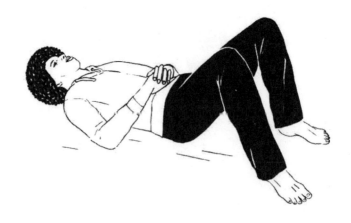

훈련 1: 음성을 지지하기 위해 호흡 근육을 준비하기

이 훈련은 복부 깊은 곳에서부터 시작하여 몸을 통해 소리를 견실하게 운반하는 호흡을 느끼도록 도와줄 것입니다.

■

귓불 앞에 있는 턱관절을 손끝으로 마사지합니다.
목구멍이 풀어지며 이완되는 것을 느낄 수 있을 것입니다.
얼굴, 헤어라인 그리고 목 뒤쪽을 마사지하세요.
턱을 이완하고 윗니와 아랫니가 서로 떨어져 있도록 하세요.

숨을 들이마시고는 천천히 길게 지속적으로 무성음 'ㅅ(스)' Ssss를 내보냅니다.
날숨이 다하면, 다시 들숨이 들어올 수 있도록 날숨이 나가면서 수축한 근육들을 이완해 주세요.
다시 천천히 'ㅅ(스)' Ssss를 내보냅니다.
이완하고 들숨이 들어옵니다, 그리고 다시 천천히 'ㅅ(스)' Ssss를 내보냅니다.

그다음엔 유성음 'ㅈ(즈)' Zzzz를 이용하여 위의 훈련을 반복하세요.
복부에서 'ㅈ(즈)' Zzzz 소리의 진동을 바로 느낄 수 있을 것입니다.
이 감각을 즐겨 보세요. 이 감각은 여러분이 음성을 지지하고 있음을 의미합니다.
숨을 들이마시고는 천천히 길게 지속되는 'ㅈ(즈)' Zzzz를 내보내세요.
이완하고 들숨이 들어옵니다, 그리고 천천히 'ㅈ(즈)' Zzzz를 내보내는 것을 반복합니다.

한 번 더, 이완하고 들숨이 들어옵니다, 그리고 천천히 'ㅈ(즈)' Zzzz 를 내보냅니다.

ㅅ(스) S, ㅈ(즈) Z 각각의 자음을 내보내길 3번 반복하세요.

███

이 소리를 느리고 안정적으로 나오게 하려면 혀 뒷부분 위로 생기는 약간의 공간을 확보해야 합니다(혀의 뒷부분이 이완되어야 이 공간이 확보됩니다*). 이 작은 공간이 소리가 편안하게 흘러나오도록 도와줍니다.

공기가 몸 밖으로 나갈 때, 갈비뼈들이 천천히 내려오는 것을 느끼고, 마지막 숨을 내보내기 위해 복부가 안으로 들어오게 되는 것을 느껴야 합니다. 하지만 마지막에 목구멍이 조여질 때까지 숨을 쥐어 짜내면 안 됩니다.

매 호흡을 즐기세요. 공기가 폐로 들어오게 되면 복부와 갈비뼈 모두에서 움직임을 느낄 수 있을 것입니다.

소리를 밀어내지 말고 그저 일정하게 흘러나가도록 두세요. 이 훈련은 소리를 앞으로 내보내기 위해서가 아니라, 호흡 근육들을 준비시키고 호흡을 운용하는 것을 배우기 위해서 고안되었습니다.

소리가 복부에서 시작해서 가슴과 목구멍을 지나 입으로 그리고 혀끝으로 올라간다고 상상해 보세요.

훈련 2: 복부에서부터 나오고 지지받는 말

지금까지 복부에서부터 나오는 호흡과 소리를 경험했습니다. 이번 훈련에서는 말을 하기 위한 호흡을 느낄 수 있도록 도움을 드리겠습니다.

　이 훈련을 할 때는 여러분의 소리가 복부에서부터 나온다는 느낌을 가져 보세요. 입이 복부로 내려가 있다고 상상해도 좋습니다.

　기억하세요, 말할 때 필요한 숨을 확보하기 위해서는 들숨을 쉬어야 합니다.

■

　복부까지 숨이 들어오게 하세요.
　크게 10까지 셉니다. 하지만 너무 큰 소리를 내지는 않습니다.
　복부를 이완하고 들숨이 다시 들어오도록 하세요.
　11까지 셉니다.
　이완하고 다시 숨이 들어옵니다.
　12까지 셉니다.

■

최대한 할 수 있을 때까지 숫자를 더 늘려갈 수 있겠지만, 목구멍이 조여지는 지점까지는 가지 않습니다.

　소리를 일정하고 에너지 있게 유지하세요. 하지만 성량을 키우기 위해 소리를 억지로 밀어내지 마세요. 목이 애쓰고 있다고 느껴서는 안 됩니다. 성량은 공명을 통해 확보해야 하는 부분입니다.

▋'음성 지지'에 관해 덧붙이는 말
복부로부터 음성을 지지한다는 것은 복부 근육을 이용해서 말을 밀어낸다는 의미가 아닙니다.

음성 지지는 복부 깊숙한 곳의 호흡 근육들이 공기의 흐름을, 궁극적으로는 소리를 지지하기 위해 호흡 작용에 저절로 참여하는 것을 의미합니다. 들숨이 들어올 수 있도록 근육들을 이완해 주면, 여러분이 말을 할 때 몸은 알아서 옳은 일을 할 것입니다. 말하기 위해 억지로 복부 근육을 사용할 필요가 없습니다.

요약

- 이 호흡 훈련들은 천천히 길게 지속되는 소리를 내보내는 것입니다. 이러한 훈련은 깊은 호흡의 지지를 바탕으로 소리를 내고, 호흡량과 호흡 운용 능력을 기르는 데 도움을 줍니다.
- 복부까지 깊이 호흡하기 위해서는 복부의 근육들을 이완해야 합니다.
- 목구멍의 긴장이나 노력 없이, 훈련이 이루어져야 합니다. 복근에 힘을 주거나 복근을 펌프질하듯 움직이지 마십시오
- 아직은 소리를 멀리 보내려고 시도하지 마세요. 소리가 그저 편안하고 쉽게 흘러나오게 두세요.

공명 – 몸 전체에서 음성 느끼기

허밍을 하면서, 몸의 이곳저곳으로 움직이는 소리를 생각하고 느끼면, 음성의 깊은 공명을 찾을 수 있습니다. 이는 편안한 자기 본연의 음성을 내는 데 도움을 줍니다.

훈련 3: 몸의 각기 다른 부분에서 공명 발견하기

■

양발을 골반 너비로 벌리고 서서 체중이 발바닥 전체에 균등하게 분산되도록 하세요.

윗니와 아랫니 사이에 공간을 두고, 두 입술이 살포시 맞닿은 상태로 허밍을 합니다. 힘을 주어 입술을 꽉 다물지 마세요. 허밍을 하는 동안, 아래의 모든 동작을 하면서 몸 전체의 공명 감각을 활성화해 보세요. 소리를 들어 보면 변화가 들려올 것입니다.

가슴
가슴 주변을 야무지게 두드리고 마사지하세요. 흉곽의 뼈를 덮는 근육들이 많지 않기 때문에, 가슴에서 진동을 꽤 쉽게 느낄 수 있을 것입니다.

하부 늑골
아래 갈비뼈의 앞면과 옆면을 문지르고 마사지하세요. 소리가 몸 아래쪽으로 떨어지는 것을 느낄 수 있는지 확인해 보세요. 손으로는 그다지 많은 진동을 느끼지 못할 수도 있지만, 점점 공명하는 소리의 차이를 들을 수 있을 것입니다.

등 아랫부분
아래 갈비뼈의 뒷부분과 골반 윗부분을 문지르고 가볍게 두드리며 마사지하세요. 등 아랫부분 안쪽으로 공명을 풀어 주는 것은 음성의 질에 아주 강력한 영향을 미칩니다. 공명하는 소리가 들리나요? 몸속에서 공명하는 소리를 느낄 수 있나요? 공명은 깊고 안정적인 여러분 고유의 소리를 만들어 냅니다.

▌공명이란?

공명이란 목구멍, 입, 비강(코의 등 쪽에 위치한 코안의 빈 곳*) 그리고 부비강(비강을 둘러싸고 있는 코 주변 두개골 안쪽의 빈 곳*)과 같은 음성 증폭 공간을 통과하는 소리의 진동입니다. 부차적인 공명은 몸의 나머지 부분인 뼈와 근육에서도 느낄 수 있습니다. 소리의 진동이 얼굴, 목, 몸을 자유롭게 여행하며 증폭한다면 음성은 더욱더 다채로워지고 충만해질 것입니다. 또한, 자유롭고 풍부한 공명은 음성이 멀리까지 분명하게 들릴 수 있도록 도움을 줍니다.

공명은 움직임과 손의 접촉을 통해 더욱 잘 일어날 수 있습니다. 몸의 각 부분을 마사지하고, 야무지게 두드리고 흔들어 주면서 우리는 근육의 긴장을 풀고 음성 증폭 공간을 열 수 있습니다.

복부

몸을 튕기고 흔들면서, 허밍을 복부 아래로 내려보내세요. 지금 우리는 목에서 멀리 떨어진 신체 부위에 집중하고 있습니다. 몸 깊은 곳에서부터 소리의 진동을 흔들어 주는 것은, 음성을 높고 가볍게 만드는 긴장을 풀어 주는 데 도움이 됩니다.

다리와 발

허밍을 각 다리와 발을 흔들며 내보내세요. 소리가 발바닥을 통해 아래로 나간다고 생각하면 도움이 될 것입니다.

척추

척추를 흔들고 튕겨주면서, 허밍을 내보내세요. 우리의 온몸은 소리를 만드는 악기입니다. 몸을 통과하면서 진동하는 공명을 느끼면 기분이 좋지 않나요?

처음에는 온몸에서 진동하는 공명을 온전히 느끼지 못할 수도 있습니다. 하지만 훈련을 반복할수록 공명을 더욱 쉽게 느낄 수 있을 것입니다.

움직임을 멈추고 다시 서세요.

얼굴

고개를 가슴 쪽으로 떨어뜨리고, 얼굴(이마, 코, 입술)로 허밍을 보내세요. 중력이 소리가 나가는 것을 도와줄 것입니다.

허밍하면서 고개를 드세요. 고개와 함께 공명하는 소리가 위로 끌어올려져 얼굴 앞으로 오고, 그다음에 앞쪽 공간으로 흘러나간다고 상상해 보세요.

얼굴 근육을 이리저리 움직이는 동시에 소리도 이리저리 움직이게 하면서, 각기 다른 음 사이를 미끄러지듯이 매끄럽게 넘나들며 허밍하세요.

머리

높고 부드러운 소리를 이용해 정수리로 허밍을 보냅니다. 저는 이 소리를 '아이의 소리child's voice'라 부르는데, 이는 여러분의 음성에서 중요한 부분입니다. '아이의 소리' 훈련을 하면, 낮은 음역의 소리도 더 밝게 들릴 수 있습니다. 소리가 여러분 위의 공간으로 올라간다고 상상하세요.

■

훈련 4: 모든 음역의 공명

■

여전히 허밍을 하면서, 가장 높은음부터 가장 낮은음까지 천천히 부드럽게 미끄러지듯이 내려갑니다. 무리하거나, 내기 어려울 정도의 높은음에 닿으려고 노력하지 마세요. 허밍의 시작은 부드러워야 합니다. 음역의 중간 부분을 통과할 때, 음색의 급격한 변화가 들리더라도 걱정하지 마세요. 이런 현상은 아주 흔한 일이며, 이 부분에 대해서는 훈련 5 이후에 더 자세히 다루겠습니다.

미끄러지듯 허밍하면서, 점차 소리가 여러분으로부터 멀리 앞으로 뻗어 나간다고 생각해 보세요.

여러 번 반복하세요.

훈련을 몇 차례 반복한 후에 무언가 말해 보세요. 그저 열까지 셀 수도 있겠네요. 음성이 더 자유로워지기 시작했나요? 음성이 더 깊게 울리고 다채로워졌나요?

■

요약

— 온몸에서 공명하는 소리를 느끼며 허밍을 하세요. 그런 다음, 몸, 얼굴, 머리 등 몸의 각기 다른 부분에서 울려 퍼지는 소리의 진동을 신중히 느껴 보세요.

— 공명을 활성화하기 위해 허밍하면서, 몸, 얼굴, 머리를 두드리고 마사지하며 흔들어 주세요. 그런 다음, 가장 높은음에서 가장 낮은음까

지 미끄러지듯이 허밍하면서, 여러분의 모든 음역을 통과하며 공명하는 소리를 느껴봅니다.

음성 열기 – 음성을 자유롭게 하고 음역을 탐험하기

이제 여러분은 깊은 호흡의 지지가 얼마나 중요한지 체득했고, 자유롭게 공명하는 소리를 발견했으니, 음성을 여는 단계를 시작할 수 있습니다.
먼저 스트레칭을 다시 합니다.

갈비뼈 스트레칭
양발을 골반 너비보다 더 넓게 벌리고, 무릎을 살짝 구부리고 서세요

오른팔을 머리 위로 펴고 왼쪽으로 쭉 뻗어 옆구리를 스트레칭하고, 왼팔로 몸을 감아 스트레칭된 오른쪽 옆구리 위에 손을 얹습니다.

오른손을 머리 위에 얹고 어깨를 이완합니다. 스트레칭된 옆구리로 숨을 두세 번 들이쉬면서 갈비뼈가 바깥쪽으로 움직이는 것을 느껴보세요. 몸을 두르고 있던 왼팔을 떨어뜨리세요. 스트레칭이 더욱 효과적으로 느껴질 것입니다.

오른쪽 어깨와 팔꿈치를 상체 앞쪽으로 내리세요. 흉곽의 뒷부분이 열리며 스트레칭되는 것을 느낄 수 있을 것입니다. 이 자세에서 두세 번 더 호흡하세요

상체 앞으로 내렸던 오른쪽 어깨를 제자리로 되돌린 뒤 오른팔을 내리고 호흡합니다. 스트레칭된 옆구리에 갈비뼈들이 더 자유롭게 움직이는 것을 느낄 수 있을 것입니다.

반대쪽도 동일하게 반복합니다.

마지막으로, 양발을 골반 너비로 벌리고 다시 바로 섭니다. 평소대로 호흡하면서 갈비뼈의 움직임을 인식해 보세요.

목구멍 스트레칭

하품하기
하품은 말하기와 관련된 모든 신체 부위(목구멍, 혀, 입술 및 얼굴 근육들)를 이완시킬 수 있는 좋은 방법입니다. 하품하면서 스트레칭을 하면, 흉곽과 어깨도 열립니다.

하품 숨기기
다시 하품하세요. 하지만 이번에는 마치 하품을 감추려고 할 때처럼 입이 벌어지지 않도록 합니다(다른 사람에게 들키지 않으려고 두 입술을 다물고 하품할 때를 상상해 보세요*). 입안 뒷공간이 크게 스트레칭되는 것이 느껴지나요?

다시 바로 서세요. 들숨이 옆구리에 차오르고, 횡격막이 복부 아래로 움직이는지 인식해 보세요.

훈련 5: 음역 탐험하기

이 훈련의 목표는 고음부터 저음까지 전체 음역을 사용하여 음성을 여는 것입니다.

■

숨을 들이쉬고, 여러분 음역의 가장 높은음부터 낮은음까지 미끄러지듯 '하ー ha' 소리를 천천히 길게 냅니다. 높은음을 내기 위해 소리를 억지로 밀어내지 마세요. 훈련 3에서 사용한, 그 부드러운 '아이의 소리'로 시작해 보세요.

원하는 만큼 반복하되, 항상 아래 갈비뼈, 횡격막, 복부로 먼저 호흡을 보내세요. 소리를 여러분과 멀리 떨어진 곳으로 보냅니다. 방 건너편의 한 지점을 보고 소리 에너지를 그곳으로 집중시키세요. 억지로 밀어붙이는 느낌 없이 소리 에너지를 유지하면서 소리를 멀리 내보냅니다.

소리가 끝날 때까지 목구멍과 입을 연 상태로 두세요.

■

아마도 여러분은 '두성head voice'과 말하는 음성 사이에서 두드러지는 음색의 급격한 변화를 발견할 수 있을 것입니다. 두성은 매우 가볍고 얇게 들리는 가장 높은 음역의 소리를 말합니다(훈련된 가수에게 두성은 다른 의미일 수 있습니다). 우리는 머리에서 이러한 높은음이 더 많이 공명하는 것을 느낄 수 있기 때문에, 이러한 높은 소리를 두성(頭 머리 두, 聲 소리 성*)이라고 부릅니다. 저는 두성을 '아이의 소리'라고 부릅니다. 성대가 완전히 발달하기 전인 어린 시절에 사용했던 소리이기 때문입니다. 남성의 음성에서 두성은 가성falsetto으로 불립니다.

두성과 말소리 음역 사이의 눈에 띄는 음색의 급격한 변화는 '레지스터 브레이크register break' 또는 '피치 브레이크pitch break'라고 불리며, 이는 매우 정상적인 현상입니다. 이 현상은 높은 음역과 일상적으로 말하는 음역 사이를 오가며 소리 낼 때 일어나는 성대 근육 활동의 변화에 기인합니다. 어떤 사람들은 다른 사람들보다 이 브레이크 현상을 더욱 뚜렷하게 경험하기도 합니다(브레이크break는 성대의 길이와 두께, 호흡의 압력 등 소리의 높고 낮음을 관장하는 요인들이 순조롭게 작동하지 않아서 일정한 음높이에 다다랐을 때 소리가 갈라지거나 음색이 급격하게 변화하는 현상을 말합니다*).

여러분은 십 대 소년들이 변성기를 겪으면서 후두와 성대가 길어지고 두꺼워져, 소리가 아이의 높은 소리에서 성인 남성의 깊은 음색으로 떨어지는 것을 들어보았을 것입니다. 여성의 음성 또한 사춘기에 변하지만, 소리의 음높이가 조금밖에 떨어지지 않기 때문에 눈에 덜 띕니다.

높은 소리와 낮은 소리 사이에서 생기는 이 브레이크 현상은 성인이 되어서도 어느 정도 남아있습니다. 높은음에서 낮은음까지 미끄러지듯 내려오며 소리 내는 연습을 꾸준히 하면 이 현상이 완화될 수 있지만, 만약 그렇지 않더라도 크게 걱정할 필요는 없습니다.

피치 브레이크는 우리가 전체 음역을 통해 소리를 내거나 노래할 때만 알아차릴 수 있는 현상입니다. 일반적인 말하기에서 우리는 브레이크가 일어나는 높은 음역까지 사용하지 않습니다. 하지만 우리가 웃거나 울 때는 브레이크 현상이 나타날 수도 있습니다. 일부 문화권에서는 이 브레이크 현상을 노래에 사용하기도 합니다. 컨트리송이나 웨스턴 음악(북미 서부와 남동부 지방의 음악*) 또는 아일랜드 민속 노래를 생각해 보세요. 요들과 같은 장르에서도 음색이 급변하는 지점을 빠르게 위아래로 지나가며 브레이크 현상을 노래의 테크닉으로 사용하기도 합니다.

요약

- 자유롭고 풍부하게 호흡할 수 있도록 흉곽을 스트레칭하세요. 하품하기와 하품을 숨기는 훈련을 통해서 목구멍을 스트레칭하세요.
- 높은음에서 낮은음까지 미끄러지듯이 '하 — ha' 소리를 내면서 음성을 여세요.

조음 — 얼굴과 혀의 근육 훈련하기

이제 여러분이 말하는 단어에 에너지와 명료함을 불어넣을 수 있도록 입안의 조음 관련 근육들을 깨워야 합니다.

얼굴 근육을 움직이면서 준비하세요. 얼굴을 쭈그렸다가 넓게 스트레칭합니다. 목이 조여지지 않도록 주의하세요.

입안에서 혀를 이리저리 움직이고, 혀끝으로 입안 구석구석을 탐색하세요.

불편하지 않을 만큼만 혀의 앞부분을 입 밖으로 내밉니다.

혀끝을 뾰족하게 만들었다가 평평하게 이완하세요. 몇 차례 반복합니다.

오른쪽 왼쪽, 방향을 바꿔가며 혀끝으로 몇 차례 작은 원을 그리세요.

이번엔 혀 전체를 움직이며 몇 차례 큰 원을 그리세요.

끝나면, 턱을 이완하고 호흡과의 연결을 꾀합니다.

훈련 6: 혀끝

■

영어 자음 r 발음을 또르르르 굴리면서(혀떨기/혀트릴: rrrrrrr~~ㄹㄹㄹㄹㄹㄹㄹㄹ~~*) 음역을 자유롭게 탐험하세요.

자음 ㄷ 소리를 빠르게 반복하세요.

자음 ㄸ 소리를 빠르게 반복하세요.

자음 ㅌ 소리를 빠르게 반복하세요.

자음 ㄴ 소리를 빠르게 반복하세요.

자음 ㄹ 소리를 빠르게 반복하세요.

■

훈련 7: 혀의 중간 부분

■

ㅈ, ㅉ, ㅊ 각각의 자음을 여러 번 반복해서 소리 내세요.

■

훈련 8: 혀의 뒷부분

■

윗니와 아랫니 사이에 두 손가락을 위아래로 포개어 놓고 입을 벌리
세요. 혀끝을 아랫니 뒤에 놓습니다.
손가락을 빼도 입이 벌어진 정도는 유지합니다.
턱을 움직이지 말고 오직 혀의 뒷부분만 움직이도록 하세요.

자음 ㄱ 소리를 빠르게 반복하세요.

자음 ㅋ 소리를 빠르게 반복하세요.

자음 ㄲ 소리를 빠르게 반복하세요.

키글리 쿠, 키글리 쿠, 키글리 키글리 키글리 쿠 소리를 여러 번 반복
하세요.

■

훈련 9: 입술

■

비웃는 것처럼 윗니가 드러나도록 윗입술을 들어 올렸다가, 다시 아
래로 떨어뜨리세요.
위로 아래로, 위로 아래로 이러한 동작을 여러 번 반복하세요.

이제 아랫입술을 아랫니에서 떼면서 아래로 떨어뜨렸다가 다시 제자
리로 올립니다. 목이 조여지지 않도록 합니다.

아래로 위로, 아래로 위로 여러 번 반복하세요.

이제 교대로 동작을 반복합니다. 윗입술을 들어 올렸다가 두 입술이 다시 맞닿게 합니다. 아랫입술을 내렸다가 두 입술이 다시 맞닿게 올립니다. 윗입술 위로, 두 입술 맞닿게, 아랫입술 아래로, 두 입술 맞닿게, 윗입술 위로, 두 입술 맞닿게, 아랫입술 아래로, 두 입술 맞닿게 합니다.

입술 사이로 공기를 불어서, 입술이 펄럭거리며 떨리는 것을 즐기세요(입술 떨기/입술 트릴*).

이번엔 입술 사이로 소리의 진동을 보내면서 오토바이 엔진 소리를 내어 보세요.

자음 ㅂ 소리를 빠르게 반복하세요. 여러분이 있는 공간 안에서 소리가 통통 튀는 것처럼 해 보세요.

자음 ㅍ 소리를 빠르게 반복하세요. 날카롭게 터지는 소리로 냅니다.

자음 ㅃ 소리를 빠르게 반복하세요. 공기가 소리에 섞여 나오지 않도록 합니다.

자음 ㅁ 소리를 빠르게 반복하세요. 입술 위에 느껴지는 진동을 즐겨 보세요.

마지막으로, **우워** 소리를 빠르게 반복해 보세요. 입술을 아주 열심히 움직이세요.

■■

텅 트위스터(발음하기 힘든 문장을 말하는 연습*)는 편안하게 이완된 턱, 중심과 연결된 호흡, 그리고 풍부한 소리 에너지를 체험하는 데 좋은 훈련입니다. 훈련 28에서 텅 트위스터 연습을 경험해 보도록 하겠습니다.

요약

- 얼굴과 혀의 근육(혀끝, 혀의 중간, 혀의 뒷부분), 그리고 입술을 훈련합니다.
- 자음 소리를 빠르게 반복하여 내면서, 혀의 민첩성과 근육성을 향상시킵니다.

훈련 10: 모든 것을 종합하기

이제, 지금까지의 작업을 통합할 시간입니다. 자유롭고 깊게 호흡할 수 있고, 무언가를 큰 소리로 읽으면서도 공명하는 소리를 내고 발음을 명확하게 할 수 있나요?

■

짧은 텍스트를 준비하세요. 시 또는 소설이나 신문의 한 구절 정도면 됩니다.

편안하게 앉아서 누군가에게 말하듯이 크게 텍스트를 읽으세요. 읽으면서 호흡에 관심을 기울이세요. 복부 근육이 이완되어 있고, 복부 깊은 곳으로부터 호흡하고 있는지 확인하세요.

특히 큰 숨과 작은 숨을 들이쉬는 순간을 주의 깊게 살피세요. 처음엔 작은 숨을 들이쉬고 있다는 사실을 깨닫지 못할 수도 있습니다.

하지만 자각력이 높아지면서, 약간의 공기가 들어올 수 있도록 여러분이 목구멍을 이완하고 있는 것을 알게 될 것입니다. 텍스트의 내용이나 흐름이 바뀔 때 우리는 이 작은 숨을 쉽니다. 사고나 관념의 체계를 이해하기 위해 호흡하는 것입니다. 하지만 사람들 앞에서 말할 때, 우리는 종종 이 같은 작은 숨을 들이쉬는 것을 잊어버립니다. 그 결과, 숨이 차고 목에 힘을 주게 됩니다.

이제 여러분의 말을 듣고 있는 사람이 방 건너편에 있다고 생각하고, 텍스트를 더 크게 읽어 보세요. 계속 복부 깊은 곳으로부터 호흡합니다.

■

더 큰 숨을 더 자주 쉬었다는 것을 알아차렸나요? 아마도 여러분은 쉼표를 포함한 대부분의 구두점에서 큰 숨을 쉬었을 것입니다. 또한 새로운 숨을 들이쉰 후에는, 소리가 더 많은 에너지를 갖게 되고, 더욱더 흥미롭게 들린다는 사실도 알게 되었을 것입니다. 하지만 모든 숨이 반드시 커야 하는 것은 아닙니다. 호흡은 여러분이 무엇을 말하고자 하는지에 따라 달라집니다. 서론에서 이야기했듯이, 우리는 일반적으로 생각에 상응하는 호흡을 합니다. 작은 생각은 큰 호흡보다 작은 호흡이 필요합니다.

그렇다면 턱은 어떠한가요? 혀가 단어를 명확하게 발음할 수 있도록 턱의 긴장을 놓아줄 수 있었나요? 목구멍은 어떤가요? 혹시 더 큰 소리로 말하기 위해 목구멍을 조였나요? 아니면 공명하는 소리가 나올 수 있도록 목구멍을 이완하였나요?

처음에는 고려해야 할 요소가 너무 많은 것처럼 느껴질 수 있습니다. 하지만 음성을 올바르게 사용하기 위해서는 노력이 필요하고, 다시 예전의 음성 습관으로 되돌아가지 말아야 한다는 것을 기억하세요. 결국 연습을 통해, 기술이 새로운 습관이 될 것입니다.

■

일어서서, 중심을 인식하세요.

방 건너편에 있는 사람에게 말하듯이 텍스트를 다시 읽어 보세요.

복근을 부드럽게 유지해 호흡이 원활하게 이루어지도록 했나요?

이제, 이전 작업에서 사용했거나 앞으로 사용할 텍스트를 가지고 동일한 연습을 시도해 보세요.

만약 호흡하는 것이 어렵거나 필요 이상으로 더 큰 숨을 들이쉬고 있다면, 작은 숨이 들어올 수 있도록 목구멍을 이완했던 그 감각을 떠올려 보세요. 이러한 감각은 모든 호흡에 적용할 수 있습니다.

지금 바로 실행해 보세요. 의식적으로 목구멍을 이완하도록 하고, 입으로 아주 빠르게 숨을 들이쉬어 보세요. 주로 입안 뒤쪽에서 이완을 느낄 수 있을 것입니다.

하품을 하고, 다시 빠르게 숨을 들이쉬어 보세요. 훨씬 편안했나요? 하품은 목구멍의 긴장과 경직을 풀어 주는 좋은 방법입니다.

이제 다시 텍스트를 말해 보세요.

■

마지막 체크리스트

전문적으로 말해야 할 무대, 강당, 회의실 또는 강의실로 들어가기에 앞서, 올바르게 말할 준비가 되었는지 확인할 수 있는 주요 체크리스트가 있다면 매우 유용할 것입니다.

마지막 훈련 또는 워밍업을 한 이후로 여러분에게 많은 일이 일어났을 수 있습니다. 힘든 여정을 견디며 현 장소에 도착했을 수도 있고, 동료나 자녀가 여러분을 곤란하게 했을 수도 있으며, 다른 일로 스트레스를 받거나 아니면 단순히 불안한 마음이 커졌을 수도 있습니다.

그러니 중심을 인식할 시간을 자신에게 잠시 내어 주세요(화장실 안에서도 가능합니다). 몸을 준비하고 호흡을 중심에 연결합니다.

양발을 골반 너비로 벌리고, 무릎의 긴장을 풀고 서서, 바닥에 닿는 발의 무게를 인식해 보세요.

어깨를 귀까지 들어 올렸다가 떨어뜨리세요.

복근을 부드럽게 풀어 주세요.

복부로부터 호흡합니다.

목을 이완합니다.

하품하세요.

윗니와 아랫니가 서로 떨어지게 하고, 혀는 이완되어 입의 바닥에 내려가 있게 합니다.

윗니와 아랫니가 떨어져 있는 상태로 혀를 풀어 주기 위해 조용히 '라라라라' 하며 노래를 불러 보세요.

물을 섭취하세요.

사적인 장소에 있다면, 다음 사항을 추가하세요.

상체를 털썩 놓아 허리에 느슨히 매달리게 하고 목을 이완하세요. 등과 복부로 호흡하세요. 천천히 척추뼈를 하나씩 쌓으며 올라옵니다.

윗니와 아랫니가 떨어진 상태로 높은음부터 낮은음까지 편안하게 미끄러지듯이 허밍합니다.

자신에게 중심을 인식할 시간을 주세요. 깊은 호흡에 집중하고 에너지를 모으세요. 이제 여러분은 준비됐습니다.

양발을 골반 너비로 벌리고 서서

체중이 발바닥 전체에

균등하게 분산되도록 하세요.

무릎의 긴장을 이완하고

호흡을 중심에 연결하세요.

3

음성 훈련 — 2단계

음성 훈련은
항상 '호흡하기'부터 시작합니다.
호흡은 음성을 바르게 내는 데
가장 중요한 요소입니다.

2장의 훈련은 모든 음성 훈련을 올바르게 터득하기 위한 바탕이 됩니다. 2장의 훈련을 충분히 익히고 난 후, 이번 장의 훈련을 시작하세요. 3장의 훈련은 두 개의 범주로 나뉩니다.

우선 이미 배운 훈련에 바탕을 둔 변형된 버전의 훈련이 있습니다. 이 훈련은 호흡과 공명, 열린 소리 및 조음을 훈련할 수 있는 새로운 방법을 제시합니다. 그다음으로는 크게 부르기, 소리치기, 음성을 위한 깊고 올바른 지지 찾기 등 더 크고 강한 음성을 사용할 수 있도록 돕는 훈련이 있습니다. 이러한 훈련은 여러분이 호흡과 발성을 더욱 심도 있는 레벨에서 경험할 수 있도록 도와줄 것입니다.

지금까지 소개된 개념과 훈련을 통해 철저히 연습했다면, 여러분은 몸과 음성이 작동하는 방식에 친숙해졌을 것이고, 새로운 훈련을 시작할 준비가 되어 있을 것입니다. 이제 여러분은 자신의 기분과 필요에 따라 훈련을 취사선택하여, 언제라도 나만의 맞춤 훈련 레퍼토리를 구성할 수 있습니다.

훈련을 시작하기에 앞서, 자신의 감정을 파악하는 것은 도움이 됩니다. 다른 신체적 훈련과 마찬가지로 먼저 자신을 이해하고 자기 자신에게 초점을 두면, 여러분의 몸이 어떻게 반응하고 있는지 더욱 면밀하게 인식할 수 있고, 음성 훈련을 더욱 효과적으로 수행할 수 있습니다.

호흡 — 더 많은 호흡 찾기

음성 훈련은 항상 '호흡하기'부터 시작합니다. 호흡은 음성을 바르게 내는데 가장 중요한 요소입니다.

많은 사람이 바닥에 누워서 하는 호흡 훈련을 선호합니다. 숨을 쉬면서 특히 복부의 움직임을 인식할 수 있기 때문입니다. 저는 여러분에게 등을 바닥에 대고 누워서 하는 훈련, 얼굴을 아래로 하고 누워서 하는 훈련, 그리고 네 발로 기는 자세(두 손바닥과 무릎이 바닥에 닿아 기는 듯한 자세*)에서 호흡하는 훈련을 소개하고자 합니다.

호흡 훈련을 할 때는 한 자세에서 시작해 다른 자세로 언제든 자세를 변경할 수 있고, 나아가 훈련 중간에 몸을 일으켜 서 있는 자세로 훈련을 진행할 수도 있습니다.

또한, 소개된 자세 중 가장 좋아하는 자세를 찾아 훈련할 수도 있고, 아니면 날마다 각기 다른 자세로 훈련해도 좋습니다. 어떤 배우들은 워밍업을 할 때마다 모든 자세를 활용하기도 합니다.

훈련 11: 깊은 호흡으로 가는 지름길

처음 소개할 자세는, 무릎이 몸 옆으로 놓이는 자세입니다. 이 자세는 깊은 호흡으로 가는 지름길입니다. 이 자세에서는 무릎과 엉덩이의 위치로 인해 호흡이 자연스럽게 몸 깊은 곳으로 보내지기 때문에, 일부러 숨을 깊이 쉬려고 애쓸 필요가 없습니다. 오히려 가슴 쪽으로 얕게 숨을 쉬는 것이 거의 불가능하다는 것을 느끼게 될 것입니다.

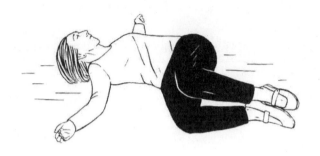

■

등을 바닥에 대고 누우세요. 무릎을 상체 위로 들어 올리고, 두 팔로 두 다리를 안습니다. 복부 깊은 곳으로 호흡을 보내면서, 허벅지에 닿은 복부의 움직임을 느껴 보세요.

양쪽 무릎을 몸의 한쪽으로(양쪽 무릎을 같은 방향으로) 가볍게 내리고, 팔을 넓게 벌리세요. 원하는 만큼 충분히 이 자세를 유지하면서, 복부까지 자연스럽게 흐르는 호흡을 통해 등이 스트레칭되는 것을 즐겨 보세요.

무릎을 들어 올려 반대 방향으로 눕힙니다. 목이나 어깨를 사용하지 말고, 복부 근육을 이용해서 무릎을 옮기도록 합니다. 다음 자세로 넘어가기 전에 원하는 만큼 충분히 이 자세를 유지하세요.

무릎을 다시 들어 배 위로 올라오게 한 다음, 발바닥을 바닥에 평평하게 놓습니다. 양발은 골반 너비만큼 벌어져 있고, 무릎은 위를 향하고 있습니다.

적어도 세 번, 천천히 길게 무성음 '人(스)' Ssss를 내보내세요.

적어도 세 번, 천천히 길게 유성음 'ㅈ(즈)' Zzzz를 내보내세요

소리 내어 수를 세어 보세요. 하지만 크게 외치지는 마세요.
목구멍이 조여지지 않는 선까지, 한 호흡으로 수를 셉니다.
위 연습을 두 번 더 반복하세요.

■

훈련 12: 등으로 호흡하기

이 훈련 자세는 호흡이 흉곽 바닥 쪽의 등 아랫부분으로 이동하는 것을 느끼는 데 효과적입니다.

■

몸의 앞면이 바닥에 닿도록 돌아누우세요. 손이나 팔 위에 이마가 놓이게 합니다.
몸을 이완하고, 부드럽고 깊게 숨을 쉬세요.
점차, 등 아랫부분이 호흡에 관여하는 것을 느껴 보세요.
복부에 닿는 바닥의 압력을 느껴 보세요.
이 자세에서도 무성음 'ㅅ(스)' Ssss와 유성음 'ㅈ(즈)' Zzzz를 내보

내고, 수를 세는 훈련을 할 수 있습니다.

■

훈련 13: 복부 근육 이완하기

이 훈련 자세는 복부 근육이 매우 자유롭게 이완될 수 있도록 돕습니다.
만약 일상에서 복부 근육을 긴장시키는 습관이 있다면, 이 훈련은 특히 유
용할 것입니다.

■

네 발로 기는 자세를 취합니다(두 손바닥과 무릎이 바닥에 닿고 기는 듯한 자세*).
복부가 아래로 쳐지는 느낌을 즐기되, 등의 중앙 부분은 아래로 내려
가지 않도록 합니다. 척추는 무너지지 않고 길게 유지되어야 합니다.
깊게 호흡하세요.
이 자세에서도 무성음 'ㅅ(스)' Ssss와 유성음 'ㅈ(즈)' Zzzz를 내보
내고, 수를 세는 훈련을 할 수 있습니다.

■

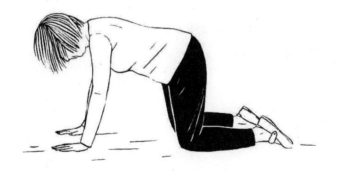

훈련 14: 호흡과 함께 하는 갈비뼈 훈련

장시간 큰 소리로 말하거나 노래를 부르기 위해서는 폐활량을 충분히 활용할 필요가 있습니다. 이번 훈련은 흉곽을 늘리고, 폐가 공기로 채워지는 감각을 느끼는 데 도움을 주는 연습입니다.

■

호흡이 복부로부터 시작되는 느낌을 유지하면서 일어서세요.
양발을 골반 너비로 벌립니다.
윗니와 아랫니 사이에 공간이 있는지 확인합니다.
입을 통해 빠르게 큰 숨을 들이마시면서 갈비뼈 측면으로 숨을 보내고, 잠시 그대로 유지합니다. 그러고 나서 날숨이 나가도록 허락하세요.
두 번 더 반복합니다.

■

▎입을 통해 호흡하기

음성 훈련을 할 때는 입을 통해 호흡하세요. 입을 통해 호흡하면 공기가 더욱 빠르고 쉽게 몸속으로 들어오기 때문에, 우리는 말할 때 자연스럽게 입을 통해 호흡합니다.

훈련 15: 숫자 세기와 함께 하는 갈비뼈 훈련

이번에는 폐, 갈비뼈, 조음 기관(턱, 입술, 그리고 혀)을 훈련합니다. 이 훈련은 음성 에너지를 방출하도록 돕습니다.

■

훈련 14에서 배운 호흡 기술로 들숨을 들이마십니다.

날숨이 빠져나가도록 허락하는 대신 숨이 다 할 때까지 아주 빠르게 1에서 10까지 반복해서 큰 소리로 세어 보세요. 하지만 목구멍이 조이는 지점까지는 세지 마세요.

수를 셀 때는 얼굴과 입술을 자유롭게 움직이세요.

두 번 더 반복합니다.

■

요약

다양한 자세로 호흡 훈련을 시도해 보세요.

- 깊은 호흡으로 가는 지름길로, 양 무릎을 몸 한쪽으로 놓고 등을 바닥에 대고 누우세요.

- 등 아랫부분으로 호흡하는 감각에 집중하기 위해 몸 앞면이 바닥에 닿도록 하고 누우세요.

- 네 발로 기는 자세는 복부가 특별히 더 이완되도록 도와줄 것입니다.

- 갈비뼈 스트레칭과 함께 하는 호흡 훈련은 여러분의 폐활량을 더 증대시킬 것입니다.

공명 - 허밍에서 말하기까지

▌소리를 부드럽게 시작하세요.

소리를 내기 시작할 때, 소리가 목구멍에 달라붙거나 세게 부딪히며 나오지 않도록 주의해야 합니다. 이러한 현상을 "하드 어택hard attack"이라 합니다(하드 어택hard attack은 강화된 성대 접촉과 높은 성문하압의 조합으로 소리를 시작하는 방법입니다. 하드 어택은 강하고 큰 소리를 만듭니다*). 하드 어택에는 두 가지 문제가 있습니다. 첫째, 하드 어택이 강하게 일어나거나 습관적으로 일어나면 성대에 손상을 줄 수 있습니다. 둘째, 하드 어택으로 소리를 터트리면 호흡이 낭비됩니다. 여러분의 목표는 소리가 시작하는 순간부터 부드럽고 편안하게 목구멍을 통해 흐르는 것을 느끼는 것입니다.

바로 시도해 보세요. 유성음 'ㅈ(즈)' Zzzz 소리를 내어 보세요. 즉각적으로 목구멍에서 공명하는 소리의 진동을 느낄 수 있는지 확인하세요. 마치 '으-즈 UZ'라는 소리를 부드럽게 말할 때처럼, 여러분은 혀끝뿐만 아니라 목구멍 안에서도 진동을 느낄 수 있어야 합니다. 몇 번 시도해 보세요.

그런 다음, 짧게 '아' 소리를 내어 보세요. 부드럽게 시작하기 조금 어려울 수도 있습니다. 그럴 경우엔 '아' 소리 전에 작게 'ㅎ'을 추가합니다. '하아'.

음성 훈련을 할 때는 항상 소리를 부드럽게 시작하고, 공명하도록 하세요.

다음 세 가지 훈련은 목구멍 안의 공간을 인식하고, 그곳에서 공명하는 소리에 대한 감각을 향상하는 데 도움을 줍니다.

훈련 16: 목 공명 – 단일음

목구멍을 스트레칭하기 위해 하품하기 또는 하품 숨기기 훈련으로 시작합니다(2장의 '음성 열기' 부분 참조).

■

윗어금니와 아랫어금니 사이에 공간을 확보하고 두 입술을 살포시 맞닿게 합니다. 목구멍 안 공간을 인식하세요.

편안한 음으로 부드럽게 허밍을 시작하고, 허밍 소리를 목구멍으로 보내세요.
목구멍에서 공명이 자유롭고 풍성하게 일어나면, 음을 바꿔 보세요.
다른 음으로 여러 번 반복합니다.

■

훈련 17: 목 공명 – 미끄러지듯이 허밍하기

■

높은 음역, 즉 '아이의 소리'부터 낮은 음역까지 미끄러지듯이 허밍하세요.
목구멍을 통해 여행하는 소리를 인식해 보세요.
여러 번 반복합니다.

이제, 여러분의 음역을 자유롭게 이리저리 미끄러지듯이 오가며 허밍하세요.

■

훈련 18: 목 공명 - 말하기

■

소리 내어 수를 세거나 단어를 말하면서, 특히 모음이 목구멍 안에서 공명하는 것을 느껴 보세요.

일부 모음은 다른 모음보다 덜 공명할 수 있습니다. 만약 그렇다면, 말하면서 혀가 어떻게 작동하고 있는지 체크해 보세요. 혀가 자유롭게 움직이고 있나요?

■

훈련 19: 공명을 위해 바닥floor 사용하기

처음으로 공명 연습을 했던 훈련 3을 기억하나요? 훈련 3을 통해 우리는 몸의 각기 다른 부분에서 공명하는 소리를 느끼는 경험을 했습니다. 또, 몸을 두드리고 흔들어 주면서 공명을 더욱 활성화하였습니다. 이번 훈련과 훈련 20에서는, 공명하는 소리가 우리 몸 앞쪽의 여러 다른 부위로 퍼져나갈 수 있도록 중력을 활용할 것입니다.

■

바닥에 배를 대고 엎드리세요. 손이나 팔 위에 이마를 놓습니다.

편안한 음으로 부드럽게 허밍하세요.

그 음을 얼굴 쪽으로 보내 봅니다. 다른 음으로도 시도해 보세요.

가슴, 복부 쪽으로도 각기 다른 음을 보내 보세요.

소리를 밀어내고자 하는 모든 욕망을 버리고, 중력을 활용하여 소리가 자유롭게 퍼져 나가도록 하세요.

■

훈련 20: 바닥floor에서 올라오기

■

훈련 19를 계속하면서 서서히 네 발로 기는 자세로 올라옵니다.

허밍하면서 등을 이리저리 움직여 몸을 통과하는 소리의 진동을 느껴 보세요.

훈련을 지속하면서 이제 몸을 일으켜 세우세요.
공명하는 소리를 엎드렸던 바닥에서부터 가져와 앞에 있는 공간으로 내보낸다는 감각을 느껴 보세요.

■

훈련 21: 몸 전체에서 울려 퍼지는 말 – 음성에 색colour을 더하기

꾸준히 공명 훈련을 했다면, 몸의 각기 다른 부분에서 공명하는 소리를 떠올리는 것이 낯설지 않을 것입니다. 여러분은 특정한 공명 영역에 관심을 기울이는 것이 전체 음성에 어떠한 영향을 미쳐, 소리에 더 넓은 음역과 깊이를 주는지 느끼고 들을 수 있어야 합니다.

우리는 이제 그 모든 공명감과 음역을 말로 가져오기 위해서, 신체의 각기 다른 부분으로 말하기를 시도할 것입니다. 만약 자신의 음성이 다소 납작하거나 단조롭다고 생각한다면, 이번 훈련과 훈련 22는 음성의 표현력을 넓히는 데 특히 도움이 될 것입니다.

■

열까지 소리 내어 세면서 이마로 공명하는 소리를 보냅니다.

열까지 소리 내어 세면서 코로 공명하는 소리를 보냅니다.

열까지 소리 내어 세면서 입술로 공명하는 소리를 보냅니다.

열까지 소리 내어 세면서 가슴으로 공명하는 소리를 보냅니다.

열까지 소리 내어 세면서 복부로 공명하는 소리를 보냅니다.

열까지 소리 내어 세면서 정수리로 공명하는 소리를 보냅니다.

열까지 소리 내어 세면서 이 모든 부위에서 일어나는 공명을 동시에 느껴 보세요.
이제 여러분의 음성이 더욱 풍성하고 다채롭게 느껴질 것입니다.

■

훈련 22: 노래 부르기 - 말의 표현과 음역 찾기

■

음역을 오르락내리락 미끄러지며, 노래 부르는 느낌으로 열까지 수를 세어 보세요. 전체 음역(높은음, 중간 음, 낮은음)을 모두 사용합니다. 동시에 몸 이곳저곳으로 움직이는 소리의 공명을 상상하세요.

그런 다음, 정상적으로 열까지 수를 세면, 더욱 넓어진 음역을 느낄
수 있을 것입니다. 소리가 더 흥미롭고 표현력 있게 들릴 거예요.

■

요약

- 목 공명 훈련은 애쓰지 않고 소리를 내는 감각을 발달시킵니다.
- 공명하는 소리가 자유롭게 퍼져 나갈 수 있도록 훈련 공간의 바닥
  floor을 공명 장치resonator로 사용할 수 있습니다.
- 몸의 다양한 공명 영역을 통해 말한다고 상상하며, 여러분 음성의 색
  colour을 찾으세요.
- 음성의 표현력을 향상하기 위해 노래하듯 말하는 훈련을 하세요.

음성 열기 − 흔들기와 한 음으로 자유롭게 나는 소리intoning

때때로 사람들은 자유롭게 소리 내는 것이 부끄러워 음성을 여는 데 두려
움을 느낄 수 있습니다. 다음 훈련은 여러분이 쉽게 소리를 털어 내면서,
이러한 두려움을 극복하는 데 도움을 줄 것입니다. 훈련을 즐겨 보세요. 재
미있을 거예요!

훈련 23: 흔들리는 소리

■

복부 깊은 곳으로 숨을 들이쉬고, 높은 '아이의 소리'부터 가장 낮은 음역까지 '**하** ha' 하면서 길게 미끄러지듯이 소리를 내세요.

반복하되, 이번에는 소리를 내면서 몸을 흔드세요. 소리를 일정하게 유지하려고 하지 마세요. 소리도 흔들릴 것입니다.
몇 번 더 반복합니다.

그런 다음, 몸을 흔들지 않고 다시 높은음부터 낮은음까지 미끄러지 듯이 '**하** ha' 소리를 내세요. 흔들리는 소리에 있었던 자유와 열림의 감각을 유지할 수 있나요?

■

훈련 24: 지속되는 소리

이제 이 훈련을 통해, 더 오래 지속되는 소리를 내야 할 때도 자유로운 음성을 사용할 수 있는지 확인해 보세요.

■

복부 깊은 곳으로 숨을 들이쉬고, 편안하게 생각하는 한 음에서 '**하** ha' 소리를 길게 지속해서 내보내세요.
소리가 복부 바닥으로부터 시작해 목구멍을 통과하여 올라오는 것을 상상하고 느껴 보세요.

다른 음에서 반복해 보세요.

소리가 여러분에게서 멀어지고 있다고 상상해 보세요.

시선을 방 건너편에 두고, 그곳으로 소리를 보내 보세요. 소리의 끝에서, 소리 에너지가 내려가거나 떨어지지 않도록 하세요. 복부로부터 시작하는 소리 감각을 처음부터 끝까지 유지하세요. 그래야만 호흡으로 소리를 지지할 수 있습니다.

인토닝intoning – 한 음으로 자유롭게 나는 소리

다음 세 가지 훈련에서는 음성을 여는 데 매우 유용한 방법인 인토닝을 사용합니다. 인토닝은 일반적인 말하기에서 흔히 나타나는 음의 오르내림 없이, 특정한 음으로 일정하게 말하는 것입니다. 반은 노래하고, 반은 말한다고 생각하세요. 마치 노래하는 것처럼, 인토닝은 말소리의 공명감을 즐길 수 있도록 해 줍니다. 하지만 음을 정확히 맞춰야 한다는 걱정은 하지 않아도 됩니다. 이는 노래처럼 지속되는 소리이기 때문에, 복부로부터의 올바른 호흡 지지가 요구됩니다.

인토닝은 음성의 자유로운 힘을 경험하고 계발하는 방법입니다. 하지만 동시에 인토닝은 여러분의 말하는 습관을 드러내기도 합니다. 특히 평소 노래 부르는 것을 즐기지 않았다면, 처음 인토닝을 시도할 때 자신이 노출되는 듯한 느낌을 받기도 합니다. 일상에서 말할 때, 우리는 말하는 방식을 통제하곤 합니다. 우리는 속도, 성량, 억양 그리고 모음과 자음의 길이와 에너지를 조절합니다. 그리고 이러한 조절 행위는 신체적 표현과 통합됩니다. 그러나 이러한 조절 행위의 일부는 턱, 목, 어깨를 긴장시켜 자유로운 발성에 도움이 되지 않을 수 있습니다.

인토닝은 이러한 통제를 없애고, 생각에 투명하게 반응하는 소리의 순수한 방출이어야 합니다. 하지만 소리의 순수성은 감정에 매우 깊이 연결되어 있어서, 특히 다른 사람들과 함께 훈련하고 있다면 여러분은 감정적으로 취약해지는 느낌을 받을 수도 있습니다.

처음 인토닝을 시작할 때, 용기를 내야 합니다. 턱, 목 또는 어깨가 조여 와서 자유로운 소리의 방출이 방해받는다면, 몸을 조금 흔들어 주세요. 상체를 털썩 놓으며 허리에 매달리게 하는 자세 또는 쪼그리고 앉은 자세를 통해 깊은 호흡의 지지와 연결되세요. 그런 다음, 다시 일어서서 중심을 인식하고 천천히 훈련을 시작합니다. 최상의 인토닝 경험을 하기 위해서는 말과 호흡 메커니즘의 긴장을 풀어 줘야 합니다. 소리를 억지로 밀어내고자 하는 욕구에서 벗어나세요. 소리가 클 필요는 없지만, 너무 작아져서도 안 됩니다. 소리가 지속되면서 편안하게 나오도록 하세요.

훈련 25: 인토닝으로 말하기

이 훈련의 목적은 인토닝으로 말하면서, 방안으로 울려 퍼지며 공간을 가로지르는 열린 소리를 경험하는 것입니다.

■

자세, 깊은 호흡 그리고 윗니와 아랫니 사이의 공간을 확인해 보세요.

편안한 음을 찾고, 그 음으로 열까지 인토닝으로 수를 셉니다.
소리가 여러분에게서 멀어져 방 건너편으로 나아간다고 생각하세요.

음을 바꾸고 반복하세요.
다른 음으로 바꾸어 가며 여러 번 훈련을 반복합니다.

■

음의 요동 없이 각 단어를 정확히 같은 음에서 시작해야 합니다. 음이 휘청거린다면, 목을 조이고 있어 그럴 수 있습니다. 소리는 단어를 통해 흘러야 합니다.

이제 몇몇 대사로 인토닝을 해 봅시다. 연극의 대사도 좋고, 직접 작성했거나 업무적으로 읽어야 하는 내용이어도 좋습니다. 좋아하는 시를 찾아보는 건 어떨까요? 아니면, 요일이나 달을 셀 수도 있습니다.

만약 글을 소리 내 읽는다면, 한 구절이나 행을 마칠 때까지 페이지를 내려다보지 않도록 한 번에 읽을 적당한 분량씩 글을 나누어 정리하세요. 다음 구절이나 행을 읽기 전에, 여러분의 말소리가 방을 가로질러 착륙하는 것을 '보아야' 합니다.

예를 들어 <오만과 편견>의 시작을 이렇게 정리할 수 있습니다.

재산깨나 있는 독신 남자에게
아내가 꼭 필요하다는 것은
누구나 인정하는 진리다.
이런 남자가 이웃이 되면,
그 사람의 감정이나 생각을 거의 모른다고 해도,
이 진리가 동네 사람들의 마음속에 너무나 확고하게 자리 잡고 있어서,
그를 자기네 딸들 가운데 하나가
차지해야 할 재산으로 여기게 마련이다.

─ 제인 오스틴 (《오만과 편견》, 전승희 · 윤지관 역, 민음사, p. 9*)

단어를 통해 흘러나가는 소리의 느낌을 즐기세요. 필요할 때마다 들숨이 들어오게 하세요.

훈련 26: 인토닝에서 말하기로

■

편안한 음에서 다시 열까지 인토닝으로 수를 셉니다.

숨을 들이쉬고 즉시 숫자 세기를 반복합니다. 하지만 이번에는 인토닝하지 않고, 정상적으로 말하듯이 수를 셉니다. 인토닝으로 수를 셀 때와 같은 감각으로, 소리가 방을 가로질러 앞으로 나아가도록 합니다.

매번 다른 음으로 여러 번 반복합니다.
인토닝으로 수를 세고, 숨을 들이쉬고, 정상적으로 말하듯이 수를 셉니다.
인토닝으로 수를 세고, 숨을 들이쉬고, 정상적으로 말하듯이 수를 셉니다.

이제 대사나 텍스트를 가지고 시도해 보세요. 대사나 텍스트의 한 부분을 인토닝하세요. 그리고 숨을 들이쉬고, 다시 그 부분을 말해 봅니다.
텍스트 처음부터 끝까지 이 과정을 반복하세요. 그런 다음, 전체 텍스트를 인토닝하지 않고 정상적인 억양으로 말해 봅니다.

■

이 훈련의 목적은 정상적인 억양으로 말을 하더라도, 소리가 단어를 통해 흐르면서 여러분한테서 멀어지는 감각을 유지하는 것입니다. 소리는 열려 있고, 자유로우며, 자연스럽게 들려야 합니다.

훈련 27: 인토닝과 흔들기, 그리고 말하기

훈련 26을 반복하되, 이번에는 인토닝을 하면서 동시에 몸을 흔들어 주세요. 그런 다음 정상적으로 말을 할 때는 몸을 흔들지 않습니다. 이 과정은 소리를 자유롭게 하고, 소리가 몸 전체에서 나오는 것처럼 들리도록 도와줄 것입니다.

마지막으로, 인토닝과 흔들기가 주는 자유를 기억하며 텍스트의 한 부분을 정상적인 방식으로 다시 말해 봅니다.

요약

음성의 힘을 두려워하지 마세요. 여러분의 음성을 마음껏 즐기세요. 흔들기, 지속되는 모음, 인토닝을 통해 음성의 힘을 자유롭게 해 주세요.

조음 – 텅 트위스터(tongue twister: 발음하기 힘든 문장*)

훈련 28: 텅 트위스터

어렸을 적 텅 트위스터, 우리말로 잰말 놀이(발음하기 어려운 문장을 빠르게 말하는 놀이로, 빠르고 정확한 발음을 학습하는 훈련 방법의 하나입니다*)를 해 보았을 겁니다. 텅 트위스터는 말과 관계되는 근육을 움직이고 능수능란하게 하는 데 유용한 방법입니다. 이제 이 훈련의 목표는 예전처럼 말을 빠르게 해서 친구를 놀라게 하거나 이를 쉽게 할 수 없다고 포기하는 것이 아니라, 모든 자음이 정확하고 분명하게 발음될 때까지 연습하는 것입니다.

정확한 소리를 내는 데 필요한 모든 다양한 혀의 움직임을 명확히 인식하며 텅 트위스터를 신중하고 정밀하게 시작하세요. 습관적으로 놓치거나, 너무 부드럽게 발음하는 자음이 있는지 확인하세요. 그런 다음, 어떠한 자음도 놓치지 않고 각 문장을 계속 반복하여 말하면서 점차 속도를 높입니다.

처음 시도할 때, 소리를 내지 않고 연습하는 것은 매우 효과적입니다. 평소보다 입과 혀를 조금 더 많이 움직이면서 문장을 입 모양으로만 말해 보세요. 이 과정을 통해 혀가 어디로 움직이는지 실제로 느낄 수 있습니다. 그다음에, 소리 내어 문장을 읽어 보세요. 점차 빠르게 읽어 보세요. 하지만 언제나 정확하게 읽어야 합니다.

(훈련을 위해 널리 알려진 대표적인 한국어 잰말 놀이 문장을 인용 및 수정했습니다.*)

- 나풀나풀 나비가 나팔꽃에 날아가 놀고 있는데 날리리 날리리 나팔 소리에 놀라 나팔꽃에서 놀지 못하고 나리꽃으로 날아갔대요.
- 다람다람 다람쥐 아름드리 밤나무 아래서 보름보름 달밤에 알밤 줍는 다람쥐.
- 똘똘이네 똑똑이는 똘똘하고 똑똑이네 똘똘이는 똑똑하다.
- 담임 선생님의 담당 과목은 도덕 담당이고 담임 닭은 담임 선생님의 단골집 담 큰 주인은 큰 담을 넘었다.

- 칠월 칠일 친정 잔칫날에 상담 담당 신 선생님은 촉촉한 참치 꽁치 찜 대신 퍽퍽한 꽁치 참치구이를 드셨다.
- 산림 깊은 숲속에서 수사자가 말 맬 말뚝에 매여 있는 말을 말 못 맬 말뚝에 매여 있는 말인 줄 알고 허겁지겁 낚아챘다.
- 철수 책상 철 책상 위에 있는 텔레비전 안의 수영 영상은 영수 영상 이다.
- 내가 가린 구름 그림은 잘 그린 구름 그림이고 네가 가린 기린 그림 은 잘못 그린 기린 그림이다.
- 깍지 낀 손가락 안의 콩깍지는 깐 콩깍지인가 안 깐 콩깍지인가? 깐 콩깍지는 안 까맣고 안 깐 콩깍지는 까맣다.
- 숨 가쁜 나쁜 나날은 날 숨 못 쉬게 해. 좋지 않은 생각을 생각하지 않는 것이 좋은 생각이라 생각한다.
- 특허 허가과 허가은 특허과장은 국제관광과 곽진광 관광과장의 특별 특허 과정을 허가해 주었다.
- 제주시 일도일동에 살다가 이도일동으로 이사 가려다 일도이동으로 이사하였다.

음성을 강력하게 사용하기

음성을 위한 강한 지지

지속하여 큰 소리로 말하거나 소리를 지르거나 외쳐야 한다면, 몸 깊은 곳 에 있는 근육들이 음성을 강력히 지지해야 합니다. 그렇지 않으면 소리에 악영향을 미치고 나아가 목이 쉴 수도 있습니다.

　영국 국립 극장의 무대에 오르는 배우들은 항상 제대로 지지받는 소리를 통해 말을 하려고 노력합니다.

　만약 여러분이 일상의 특정한 상황에서 강하게 행동하기 위해 소리를 써야 한다면, 욕구가 소리의 작용 과정을 자극하기 때문에 상황에 맞는 소리가 효과적이고 자연스럽게 나올 것입니다. 놀라서 비명을 지르거나 화가 나서 소리쳤을 때를 떠올려 보세요. 이런 경우, 강력한 소리를 내기 위해 뇌가 호흡과 근육에 정확한 메시지를 보내기 때문에, 여러분의 음성은 원하는 관심을 얻으면서도 다치지 않을 것입니다.

　이런 일상의 상황을 재현해 훈련하면, 소리를 강력하게 사용해야 할 때 우리 몸이 어떻게 자발적으로 반응하는지 체득할 수 있습니다. 그러면 여러분은 덜 자발적인 상황에서도 음성을 위한 강한 지지가 일어날 수 있도록 근육 기억muscle memory을 활용할 수 있을 것입니다(근육 기억은 특정 신체 활동을 반복함으로써 그 활동을 수행할 때 나타나는 신체의 생리적 적응입니다. 몸이 기억한다는 뜻으로 쉽게 이해될 수 있습니다*). 자, 이제 몇 가지 훈련을 시도해 봅시다!

훈련 29: 크게 부르기

■

다른 방에 있는 엄마를 부르고 싶다고 상상해 보세요.
상상할 수 있나요? 그럼 이제 시도해 보세요. **엄마! 엄마!**
복부 근육이 참여하는 게 느껴졌나요?

다시 한번 아주 크게 불러 보세요.

만약 누군가가 도로를 가로질러 달려가다가, 버스에 치이기 직전이라면 어떨까요?

여러분은 **멈춰! 멈춰!** 라고 외칠 것입니다.

시도해 보세요. 복부 근육이 관여하는 것이 느껴졌나요?

축구 응원을 해 보세요. **맨유! 맨유!** (여러분이 응원하는 팀으로!)

■

지지 근육들이 움직이면서, 여러분은 아마도 횡격막 주변 부위가 살짝 조이는 듯한 느낌을 받고, 사타구니 근처에서 미세한 감각을 느낄 것입니다. 즉, 복부의 가장 윗부분과 맨 아랫부분에서 지지 근육의 움직임을 경험하게 될 것입니다.

이 지지 근육들을 사용하여 크거나 지속되는 소리를 지원하려면, 절대로 근육에 힘을 주거나 근육을 일부러 펌프질하듯 움직여서는 안 됩니다. 대신에 지지 근육들이 위치한 몸 깊은 곳으로 호흡이 들어오도록 허락하고, 그곳에서부터 소리 에너지가 시작하도록 하세요.

다소 추상적으로 들린다면, 다음의 신체적인 훈련을 시도해 보세요.

훈련 30: 지지를 위한 손 맞대고 누르기

■

횡격막 높이로 두 손을 올려서, 한 손바닥의 손목 가까이에 있는 도 톰한 부분으로 다른 손의 같은 부분을 그림과 같이 서로 맞대어 눌러 주세요.

호흡하세요. 숨이 깊숙이 들어가고 흉곽이 넓어지는 것을 느낄 수 있을 것입니다.

여러분의 몸과 생각이 하나가 될 때까지 두 손을 서로 누르면서 호흡합니다.

두 손을 서로 누르면서 훈련 29를 다시 시도해 봅니다. 호흡이 몸 깊은 곳으로 내려가나요? 소리가 몸 깊은 곳에서부터 출발해 충분히 지지받고 강력하게 느껴졌나요? 다시 시도해 보세요. 몇 번 반복해도 좋습니다.

이제 두 손을 서로 누르지 않고 훈련 29를 다시 시도해 봅니다. 근육 기억이 소리에 동일한 지지와 힘을 허용하는지 확인해 보세요.

같은 감각으로, 큰 소리로 수를 세어 보세요.

훈련 25에서 사용했던 대사나 작품 일부분으로도 시도해 보세요. 넓은 공간이나 극장을 충분히 채울 만한 큰 성량으로 말합니다. 언제든 음성을 돕는 깊은 지지를 느끼기 위해 두 손을 함께 맞대고 눌러도 됩니다.

■

비록 여기서는 음성을 강하게 사용해야 할 때 도움을 얻는 방법으로, 두 손을 맞대고 누르는 훈련을 소개했지만, 이 훈련은 모든 양상의 음성 사용에 도움이 됩니다. 이 훈련은 호흡과 음성을 지지하는 빠르고 효율적인 방법이기에 마지막 체크리스트에 추가해도 좋습니다. 실제로 몇몇 배우는 무대에 오르기 직전 이 훈련을 사용합니다.

일상에서 큰 소리를 자발적으로 낼 때, 우리 몸은 깊은 지지 근육들을 활용할 뿐만 아니라 상황에 적합한 소리를 내기 위해 충분한 들숨을 확보합니다. 이런 몸의 상태를 재현하기 위해서 여러분은 충분히 그리고 자주 숨을 쉬어야만 합니다. 외치고자 하는 욕구가 들숨 작용을 활성화하도록 하세요.

▌숨 쉬는 것을 잊지 마세요!

뻔하게 들릴 수도 있지만, 저는 경력과 관계없이 모든 연령대의 배우들에게 숨 쉬는 것을 잊지 말라는 말을 그 어떤 말보다 많이 합니다. 여러분이 충분히, 자주, 그리고 깊게 숨을 쉬지 않는다면, 말하는 여러분뿐만 아니라 듣는 이 모두 금세 지치게 될 것입니다.

큰 소리로 부르기 그리고 고함치기

다음 두 훈련에서는 부름에서부터 고함에 이르기까지 강력한 지지가 수반되는 소리 훈련을 진행합니다. 이런 강력한 소리를 내기 위한 발성 기술의 경우, 소리의 음높이를 낮추지 않는 것이 중요합니다. 실제 삶에서 일어나는 강력한 지지의 예를 이용했던 훈련 29를 떠올려 본다면, 여러분이 **엄마!** 또는 **멈춰!** 라고 외쳤을 때, 소리의 음높이가 평소보다 약간 높아졌을 것입니다. 우리의 뇌는 높은 소리가 더 빠르게 전달된다는 사실을 본능적으로 알고 있습니다.

멀리 있는 누군가를 **야!** 하면서 부를 때를 생각해 보세요. 소리가 높아집니다. 들리나요? 이러한 장면을 재현하기 위해서는, 소리가 올라가 공간을 가로질러 저편으로 나아간다고 생각하는 것이 유용합니다.

훈련 31: 큰 소리로 이어 부르기

■

자세, 호흡 및 윗니와 아랫니 사이의 공간을 확인하세요.
원한다면 훈련 30에서 배운 두 손을 맞대고 누르면서 호흡하는 훈련
을 사용하세요.
입으로 숨을 들이쉬고, 깊은 지지의 도움을 받으며 '**하나**'라고 크게
부르면서 소리가 일반적인 말보다 약간 높은음을 찾도록 하세요.
다시 입으로 숨을 들이쉬고, 같은 방식으로 **하나, 둘** 크게 부릅니다.
숨을 들이쉬고 **하나, 둘, 셋.**
숨을 들이쉬고 **하나, 둘, 셋, 넷.**
목을 조이지 않고 호흡 지지의 한계에 다다를 때까지 같은 방식으로
수를 계속 셉니다.

■

호흡 지지가 끝을 향해 갈 때, 근육들이 소리를 내는 데 관여한다는 것을
더욱 쉽게 느낄 수 있습니다. 또한 들숨에 대한 욕구도 더 커질 것입니다.
이 감각을 즐기고 기억하세요.

훈련 32: 고함치기

이러한 강력한 지지 작업을 외치는 데 사용하려면, 얼굴과 조음기관에서
더 많은 움직임을 사용해야 합니다. 사람이 실제로 소리를 지르면, 얼굴은
찌푸려지고 입술은 튀어나옵니다. 이런 동작은 소리를 몸 밖으로 내보내는
데 도움이 되고, 입술은 트럼펫의 나팔 부분처럼 작용합니다. 소리가 코를

통과해서 밖으로 나간다고 생각하는 것도 도움이 됩니다. 이는 소리 에너지가 목으로부터 멀어지도록 안내해 주기 때문입니다.

또한 모음으로 가는 출발점에서 자음을 야무지게 이용할 필요도 있습니다. 일반적으로 모음은 감정을 전달하지만, 자음, 특히 단어나 음절(한 번에 소리 낼 수 있는 마디*)의 시작에 오는 자음은 모음을 내보내는 운동성을 제공합니다.

■

자세, 호흡 및 윗니와 아랫니 사이의 공간을 다시 한번 확인해 주세요.
아래의 훈련을 두 손을 맞대고 누르는 훈련(훈련 30을 확인하세요)과 함께 해 보고, 또 손을 사용하지 않고도 시도해 보세요.

입으로 숨을 들이쉬고 깊은 지지를 받으며 **싫어!** 라고 외치세요. 소리가 일반적인 말보다 조금 더 높은음을 찾아가도록 합니다.
입으로 숨을 들이쉬고 같은 방식으로 **싫어 하지 마!** 라고 외칩니다.
숨을 들이쉬고 이번엔 **싫어 가지 마!** 라고 외칩니다!
ㅅ, ㅎ, ㄱ 소리의 근육성이 모음 안의 감정을 안전하게 내보내는 데 어떻게 도움을 주는지 느껴 보세요. 턱을 조여 힘을 주거나 꽉 다물지 마세요. 긴장된 턱은 진실하고 자유로운 소리가 나오는 것을 저해하고, 목을 다치게 할 수 있습니다.

구절의 끝에서 소리에 자신감과 지지를 잃는 것은 아주 흔합니다. 마지막 음절이 첫음절만큼이나 크고, 충분히 지지되고 있는지 확인하세요.

몇 차례 높은음에서 낮은음까지 미끄러지듯이 허밍하면서 훈련을 마치십시오. 이것은 소리를 내지르는 충격 후에 근육을 진정시키는 성대 마사지와 같습니다.

■

훈련 33: 복부 확인하기

목을 혹사하면서 소리를 낸다는 느낌이 들면, 네 발로 기는 자세에서 훈련하는 것이 유용할 수 있습니다.

■

네 발로 기는 자세를 취합니다. 등의 중앙 부분이 무너지지 않으면서 척추가 길어지는 느낌을 확인하세요. 손목 아래 손바닥의 두툼한 부분으로 몸의 무게가 고르게 퍼지도록 허락하세요. 복부가 얼마나 편안하게 이완되어 있는지 느껴 보세요.

이 자세에서 훈련 31과 32를 반복하거나, 연습하고 있는 작품에서 크게 소리를 내거나 고함을 질러야 하는 단어, 구절, 대사가 있다면 시도해 보세요.
소리 에너지에 대한 복부의 반사적인 반응을 느낄 수 있나요?
소리가 얼굴 앞쪽으로 쉽게 떨어지고, 턱과 입의 움직임이 자유로운 것을 느낄 수 있을 것입니다.

복부가 소리 에너지에 자연스럽게 반응할 수 있도록 복부를 부드럽게 유지하면서, 일어선 채로 훈련을 반복해 보세요.

■

크게, 명확하게, 풍성하게,
표현력 있게, 그리고 쉽게
말하는 것을 즐겨 보세요.

지금쯤이면, 복부가 자유로워야만 호흡이 소리를 충분히 지지할 수 있고, 목구멍의 긴장이 이완될 수 있음을 체득했을 것입니다.

훈련 34: 강한 지지와 성량volume으로 텍스트 훈련하기

이제는 지금까지의 훈련을 종합해서 텍스트 훈련을 할 시간입니다. 텍스트는 연극의 대사, 시, 또는 회의에서 발표해야 하는 보고서여도 좋습니다. 열린 공명과 명확한 발음을 사용하고, 깊고 올바른 지지를 받으면서 일반적인 대화에서보다 큰 소리로 텍스트 훈련을 하세요. 배우는 격정적이고, 감정을 자극하는 텍스트를 사용할 수 있습니다. 이미 알고 있는 텍스트를 사용할 수도 있고요.

말을 전달해야 하는 장소에 따라 알맞은 성량을 선택하세요. 배우라면 큰 극장을 떠올려 보세요. 선생님이나 성직자라면 큰 교실이나 예배당을 상상하세요. 회의실에서 회의할 때조차 평소보다 큰 소리로 말해야 합니다. 회의에 참석해서 건너편에 앉은 상대방의 말을 종종 알아듣지 못할 때가 있지 않았나요. 테이블 크기가 일반적인 식탁보다 조금 큰데도 말이죠.

실외에서 훈련을 해 보는 건 어떨까요? 실외는 소리가 부딪히면서 증폭할 수 있는 딱딱한 표면이 적습니다. 실외에서 말을 전달할 때는 더 정밀한 발성 기술이 요구되기에, 실외 훈련은 유용할 수 있습니다.

신뢰할 수 있는 사람이 여러분의 소리를 듣고, 솔직한 피드백을 주는 것은 언제나 도움이 됩니다.

무릎이 이완되어 있고 몸의 무게가 발바닥 중앙 부분을 축으로 골고루 퍼지는지 확인하세요.

어깨의 긴장을 놓아 주세요.

입과 목 안 공간의 긴장을 놓아 주세요.

사고와 관념이 어떻게 구조화되어 있는지 인식하면서 천천히 텍스트를 읽습니다.

멀리 내다보면서 여러분의 소리가 공간을 가로질러 멀리 도달할 수 있도록 준비합니다.

생각에 자극을 받아 숨이 몸 안으로 들어오도록 하세요.

복부로부터 깊은 지지를 얻어 말하세요.

입과 목 안 그리고 연습을 통해 몸의 나머지 부분에서도 소리의 공명을 즐겨 보세요.

턱을 충분히 이완해 수월하게 움직일 수 있도록 하고, 조음기관의 활기찬 움직임을 느껴 보세요.

각 구절의 마지막 음절까지 소리를 지지해서 소리가 점점 작아지지 않도록 주의하세요. 대개 문장에서 가장 중요한 단어는 마지막 단어입니다.

크게, 명확하게, 풍성하게, 표현력 있게, 그리고 쉽게 말하는 것을 **즐겨 보세요.**

요약

- 소리를 높이거나 고함을 쳐야 하는 진정한 욕구가 있을 때, 몸과 음성은 자연스럽게 함께 작동합니다. 단어나 구절을 외치거나 큰 소리로 말해야 할 때, 음성과 몸에 저장된 실제 경험의 기억을 사용하세요.

- 호흡하는 것을 잊지 마세요!

- 두 손바닥을 맞대고 누르는 훈련을 통해 복부의 깊은 지지를 경험해 보세요. 복부 근육을 계속 긴장해 조이고 있다면, 네 발로 기는 자세에서 훈련을 시도하세요.

4
공연을 위한
음성 준비하기

전문적으로 음성을 사용하는 것은
육상경기를 치르는 것과 같습니다.
육상 선수들은 경기 전에
반드시 워밍업을 한다는 사실을
잊지 마세요.

공연을 위해 음성을 워밍업하는 것은 올바른 훈련 습관의 형성과 음성 건강을 위해 매우 중요합니다. 육상 선수가 경기 전 워밍업을 하듯, 배우들도 긴 공연 또는 에너지를 많이 소모하는 공연을 하기 전에 호흡근들과 성도(성대에서 입술 또는 콧구멍까지 이르는 통로*)의 근육들을 풀어 주어야 합니다. 연극이나 뮤지컬과 같은 공연을 하려면 당연히 음성을 워밍업해야 합니다. 하지만 조금이라도 평소보다 소리를 크게 내야 하는 상황이라면 음성 워밍업은 필수적입니다. 설교, 강의 또는 발표를 하거나, 교실에서 하루를 보내야 할 때도 미리 음성을 워밍업하기 바랍니다.

이 장에서는 여러분이 작업을 준비할 수 있도록 이미 배운 훈련을 통합하여 하나의 체계적인 워밍업 훈련을 소개합니다. 이 훈련은 제가 영국 국립 극장 배우들에게 사용하는 워밍업 방식입니다. 일단 워밍업의 동작과 순서에 익숙해지면, 여러분은 작업의 필요에 따라 워밍업 시간을 늘리거나 줄일 수도 있습니다. 단 10분의 워밍업도 발성에 큰 차이를 만들어 냅니다.

후두질환 전문의는 격렬하게 음성을 사용하거나 지속해서 음성을 사용한 후에도 반드시 음성을 워밍다운할 것을 권고합니다. 이 장에서 소개되는 워밍다운 훈련은 공연 중에 생길 수 있는 신체적 긴장을 풀고, 전체 음역에서 성대의 바람직한 근육 활동을 다시 회복하는 데 도움을 줍니다. 워밍다운 훈련은 다음 공연의 준비를 위해서도 필요합니다.

바람직한 음성 사용은 단순히 무대 위에서뿐만 아니라 일상생활 전반에 걸쳐 이루어져야 합니다. 일상에서 음성을 사용하는 방식은 전문적으로 음성을 사용해야 하는 상황에도 강한 영향을 미치기 때문입니다. 가령 직업적으로 음성을 사용하는 사람은 술집이나 클럽, 레스토랑과 같은 시끄러운 장소에서 말할 때도 주의를 기울여야 합니다.

공연에서 음성을 많이 사용한 후 워밍다운을 하지 않는다면, 발성 근육은 계속해서 일하는 듯한 긴장 상태에 놓여 있게 됩니다. 육상 선수들이 경기 전과 후에 항상 스트레칭을 하여 몸의 긴장을 푼다는 사실을 기억하세요.

워밍업

제일 먼저 상체를 스트레칭합니다. 여러분이 원하는 방식대로 스트레칭해도 좋고, 2장에 소개된 스트레칭 방법을 사용해도 됩니다.

호흡 (더 자세한 훈련 방법은 2장 호흡 파트를 참고하세요*)

양발을 골반 너비로 벌리고 서세요. 체중을 양발에 균등하게 분산시키고, 무릎을 이완합니다. 호흡을 중심에 연결하세요. 몸 전체를 인식하면서 호흡에 관심을 기울입니다.

상체를 털썩 앞으로 놓으며 허리에 느슨하게 매달리게 합니다. 이 자세에서 복부와 등 아랫부분으로 호흡을 보냅니다.

쪼그리고 앉은 자세에서 골반과 복부로 깊게 들어오는 호흡을 느껴보세요.

쪼그리고 앉거나, 서서 또는 등을 대고 누워서 턱 근육, 얼굴, 목을 마사지하세요. (누워서 양 무릎을 몸 옆으로 놓은 자세를 취해도 좋습니다.)

최소한 3번 천천히 길게 지속되는 무성음 'ㅅ(스)' Ssss를 내보냅니다. 최소한 3번 천천히 길게 지속되는 유성음 'ㅈ(즈)' Zzzz를 내보냅니다. 긴장을 풀고 가능한 한 오래 큰 소리로 숫자를 셉니다. 최소한 3번 반복하세요.

공명 (2장 공명 파트를 참고하세요*)

얼굴, 목, 가슴, 복부 등을 포함한 몸의 각 부위로 허밍을 보내세요. 눕기, 무릎 꿇기, 앉기, 네 발로 기는 자세 등 소리를 억지로 밀어내지 않아도 되는 자세로 이 허밍 훈련을 할 수 있습니다. 허밍하면서 손으로 몸을 쓰다듬고 두드리고 마사지해 주세요.

높고 부드러운 허밍을 정수리로 보냅니다.

일어서서 호흡을 중심에 연결합니다.

몇 차례 가장 높은음에서 낮은음까지 미끄러지듯이 허밍을 합니다. 소리가 상승하여 나아간다고 생각해 보세요.

음성 열기 (2장 음성 열기 파트를 참고하세요*)

갈비뼈 스트레칭

훈련 1단계에서 배운 대로 오른팔을 머리 위로 올리고 왼쪽으로 쭉 뻗으면서 옆구리 스트레칭을 합니다. 오른손을 머리 위에 얹고, 스트레칭된 오른쪽 갈비뼈 쪽으로 호흡을 보냅니다.

오른쪽 팔꿈치와 어깨를 몸 앞쪽으로 내리면서 갈비뼈 뒤쪽으로 호흡을 보냅니다.

반대쪽도 동일하게 반복하세요.

하품하기 그리고 하품 숨기기
하품하기와 하품 숨기기 훈련으로 목구멍을 스트레칭하세요.

열린 소리
소리를 위로 그리고 저 멀리 보내면서 음역의 가장 높은음부터 낮은음까지 미끄러지듯 **하ー ha** 소리를 냅니다. 몇 차례 반복합니다.

다른 모음도 사용하면서 높은음부터 낮은음까지 미끄러지듯이 소리를 내어 보세요.

인토닝 (3장 음성 열기 파트를 참고하세요*)
원하는 음 위에서 특정 모음을 사용하여 건너편 공간으로 소리를 길게 인토닝하여 보냅니다.
한 호흡마다 하나의 모음을 사용하고, 깊은 호흡의 지지를 이용하세요.
호흡마다 음을 바꿔 주세요.

한 음으로 인토닝하여 수를 세거나 텍스트를 말해 보세요. 공간을 가로질러 건너편으로 소리를 보내는 감각을 느껴 보세요. 호흡의 지지를 이용합니다.

호흡의 지지에 대한 감각과 공간을 가로질러 소리를 보내는 감각을 가지고, 이번에는 정상적인 억양으로 수를 세거나 텍스트를 말해 보세요. 열린 소리 훈련과 인토닝 훈련을 할 때, 두 손바닥을 맞대고 누르는 훈련(훈련 30*)을 병행한다면 깊은 지지에 대한 감각을 더욱 높일 수 있습니다.

조음과 말

자음과 모음을 반복해 소리 내면서 혀끝, 혀의 뒷부분 및 입술을 훈련하세요.

텅 트위스터 훈련을 하세요(훈련 28을 참고하세요*).

텍스트
소리를 내지 않고 입 모양으로만 텍스트를 말해 보세요. 이를 통해 입안에서 단어의 형상을 느낄 수 있을 것입니다.

그런 다음 목구멍에서 소리를 눌러 내지 않도록 주의하면서 텍스트를 속삭입니다. 여러분은 자음을 통과하는 호흡을 느끼면서 자음이 가진 에너지를 인식할 수 있을 것입니다.

그러고 나서 올바른 지지를 이용하여 텍스트를 조용하게 말해 봅니다. 소리가 앞으로 멀리 나아가는 감각을 유지하세요. 소리의 공명을 느낄 수 있을 것입니다.

마지막으로 여러분이 작업할 공간에 적합한 성량으로 텍스트를 말해 보세요.

워밍다운

몸의 긴장 이완하기

상체를 털썩 앞으로 놓으며 허리에 느슨하게 매달린 상태에서 몸을 튕겨 주고 흔들어 주세요.

몸을 흔들어 주는 동시에 소리를 내도 좋습니다.

그대로 상체가 허리에 매달린 상태로 복부와 등 아랫부분으로 호흡을 보냅니다.

꼬리뼈에서부터 척추뼈를 하나씩 쌓아 올리듯 상체를 들어 올려 바로 섭니다. 척추가 길어지는 느낌을 가집니다. 호흡을 몸 깊은 중심에 연결하세요.

머리는 움직이지 않으면서 어깨를 귀까지 들어 올립니다.

그런 다음 어깨를 떨어뜨려 제자리로 돌아가게 합니다.

원한다면 몇 번 더 반복하세요.

하품하기와 하품 숨기기 연습을 하면서 목구멍과 턱의 긴장을 이완하세요.

소리 풀어주기

과도한 음성 사용은 사용된 음조(성문에서 나오는 유성음의 진동에 따라 발생하는 음의 상대적인 높낮이*)에 따라 성대의 특정 부분에 긴장을 줄 수 있습니다. 다음의 훈련은 이런 긴장을 완화하는 데 도움이 됩니다.

이 훈련에서는 높은음에서 낮은음에 이르는 모든 음역에 걸쳐 호흡의 지지를 이용해야 합니다. 높은음에서는 성대가 팽팽하게 당겨지면서 낮은

음에서보다 진동이 더 빠르게 일어납니다. 그러므로 높은음에서 낮은음으로 미끄러지듯이 허밍을 하는 것은 성대의 긴장을 풀어 주는 작용을 합니다.

깊은 호흡과의 연결을 유지하면서, 여러분 음역의 가장 높은음부터 낮은음까지 미끄러지듯이 허밍합니다.

여러 번 반복하세요.

피치 브레이크가 일어나는 음역 위에서 부드러운 '아이의 소리'(두성*)로 높은음을 시작하세요(2장 음성 열기 파트를 참고하세요*). 높은음을 내기 위해 무리하지 마세요. 편안하게 높은음을 낸다는 느낌으로 하면 됩니다.

수분 공급하기

차갑지 않은 상온의 물을 섭취하세요.

증기를 쐬는 것은 수분을 공급하고 유지하는 데 매우 효과적인 방법입니다. 간단하게는 머리에 수건을 쓴 채 뜨거운 물이 담긴 그릇 위에서 숨을 쉬는 방법이 있고, 미용 또는 의료용 스팀기를 이용할 수도 있습니다.

이때 아무것도 첨가하지 않은 순수한 물을 사용하세요.

만약 연극에 참여하면서 큰 소리로 외치거나 비명을 질러야 하는 장면이 있다면, 무대 밖으로 나왔을 때 반드시 높은음부터 낮은음까지 미끄러지듯이 허밍해 주세요.

그리고 공연이 끝난 후에도 철저하게 워밍다운 훈련을 해야 합니다.

증기를 쐬는 것은

수분을 공급하고 유지하는 데

매우 효과적인 방법입니다.

5
음성 문제에
훈련 적용하기

호흡으로 소리를 적절하게 지지해 주세요.

호흡은 소리의 에너지입니다.

말하기를 향상할 수 있는 가장 좋은 방법은 여러분이 2장과 3장에서 소개된 호흡, 공명, 음성 열기, 조음 등 모든 파트의 훈련을 열심히 수행하여 확고한 기반을 닦는 것이라고 강조한 바 있습니다. 이 방법론을 따른다면 평생 음성을 올바르게 사용할 수 있는 방법을 체득할 수 있습니다. 다만 여러분이 특정한 음성 혹은 말하기 문제로 고민하고 있다면, 이에 따른 맞춤형 훈련을 고안하고 싶을 수도 있습니다.

이에 여러분이 자주 접하는 음성 문제에 대한 해결 방안을 제시하려 합니다. 비록 특정 음성 문제를 해결하기 위한 구체적인 훈련을 제시하고 있지만, 모든 훈련은 올바른 호흡과 신체적 긴장의 이완에서 시작한다는 것을 다시 한번 강조합니다.

가청도

우물거리는 버릇이 있다면

턱 뒤쪽의 긴장을 풀어줌으로써 입이 더 벌어지도록 훈련하세요. 위턱과 아래턱이 만나는 관절은 얼굴 양쪽 귀 앞에 있습니다. 이 턱관절에는 두 턱을 연결하는 근육이 있으며, 이 근육은 심리적으로 긴장할 때 쉽게 수축합니다. 수축된 근육을 마사지하면 근육에 깃든 긴장을 이완하는 데 도움이 됩니다. 양쪽 귓불 앞부위에 손가락 끝을 대고 마사지하세요. 올바른 위치를 찾았는지 확신이 들지 않는다면, 이를 앙다물어 보세요. 아래턱 부분에서 근육들이 뭉치는 것을 느낄 수 있을 것입니다. 다물었던 이를 풀어주고, 근육들이 뭉쳤던 부위를 마사지해 주세요.

입을 작게 벌리면 입안의 공간도 작아져 말할 때 혀가 자유자재로 움직일 수 없고 따라서 명확한 발음이 만들어지지 않으며, 정확한 소리가 입밖으로 전달될 수 없습니다. 입을 다물었을 때도 윗니와 아랫니 사이에 공

간을 두면서 턱을 느슨하게 두는 새로운 습관을 기르도록 하세요.

턱 뒤쪽 부분이 이완된 상태에서 무언가를 크게 소리 내 읽어 보세요. 처음에는 입이 너무 크게 열려 있고, 입술을 과도하게 움직여야 하는 것처럼 느낄 수도 있습니다. 턱을 이완한 상태로 말하면서 거울로 자신의 모습을 살펴보세요. 여러분의 모습이 자연스러워 보이지 않나요? 입을 작게 벌렸을 때는 말이 분명하게 들릴 수 있을 만큼 입술을 충분히 움직이지 못했을 것입니다.

훈련 1, 2, 5, 8 그리고 텅 트위스터(훈련 28)를 연습하세요.

소리가 작다면

호흡으로 소리를 적절하게 지지해 주세요. 호흡은 소리의 에너지입니다. 그리고 말소리에 에너지를 불어넣기 위해 입을 효과적으로 사용하고 있는지 확인해야 합니다. 특히 소리의 공명을 발견하는 데 노력을 기울이세요(훈련 3, 4, 5). 어쩌면 소리를 더 크게 내는 것에 용감해져야 할지도 모릅니다. 다만, 말하는 데 더 많은 에너지를 사용하는 것이 과장되어 보이지는 않는지 거울로 확인하세요.

훈련 1부터 9까지 연습하세요.

모든 것은 올바른 호흡과
신체적 긴장의 이완에서 시작합니다.

호흡 운용

숨이 찬다면

모든 호흡 훈련이 도움이 되지만, 특히 훈련 1, 2 그리고 깊은 지지를 경험할 수 있는 훈련 29부터 33까지를 집중적으로 연습하세요. 2장 초반부의 '준비–스트레칭, 자세 및 복부 이완' 섹션과 '호흡–음성을 지지하기 위해 깊은 호흡하기' 섹션에서 언급되는 아래쪽 갈비뼈가 호흡에 반응하는 것에 주의를 기울여 보세요.

말을 하는 데 숨소리가 많이 들린다면

소리가 올바른 호흡의 지지를 받으며 이완된 목구멍을 통해 나오도록 하고, 소리의 공명을 적절하게 사용하고 있는지 확인하세요. 소리를 통제하기 위해 목구멍의 근육들을 사용하면 소리에 숨소리가 많이 섞일 수 있습니다. 소리를 억지로 조절하는 습관은 목구멍을 조이고 성대의 움직임을 방해합니다.

모든 공명 훈련(훈련 3, 4, 그리고 훈련 16부터 22까지)을 연습하되, 호흡 훈련을 반드시 먼저 시작하세요.

음성 지구력

음성이 쉽게 피로해진다면

깊고 자유롭게 호흡하지 않고, 호흡으로 소리를 지지해 주지 않으면 여러분의 음성은 쉽게 지치게 됩니다. 목이나 턱의 불필요한 긴장도 음성을 지치게 합니다.

훈련 1부터 5까지를 연습하세요.

때때로 목이 아프거나 긁힌 느낌이 든다면

오랫동안 말을 해야 할 때, 특히 크게 말해야 한다면 목의 근육에 무리를 줄 수도 있습니다. 어떠한 신체적 훈련도 그러하듯이, 음성훈련도 오랫동안 지속하면 목의 근육을 지치게 하고, 심지어 목에 통증이 발생할 수도 있습니다. 또한 목구멍 안쪽으로 긁힌 느낌이 든다면, 호흡과 편히 연결되어 적합한 지지를 받는 음성을 사용하지 못하고 있는 것입니다. 이는 원하는 음성을 만들어 내기 위해서 목구멍의 근육들에 필요 이상의 과도한 부담을 주고 있다는 것을 의미합니다.

2장의 훈련들을 꾸준히 연습해서 몸속 깊이 호흡하는 방법과 복부로부터 소리를 지지하는 방법을 익혀 보세요.

목구멍의 긴장을 즉각적으로 풀어 주기 위해 하품하기와 하품 숨기기 훈련(2장의 음성 열기 섹션을 보세요)을 시도해 보세요. 어깨를 으쓱 귀 쪽으로 올렸다가 떨어뜨리면서 어깨에 깃든 긴장을 풀어 주세요. 그런 다음 훈련 30 '지지를 위한 손 맞대고 누르기' 훈련을 합니다. 이 훈련 기술은 강한 음성을 내는 데만 사용되는 것이 아니라 어떤 종류의 말하기 방식이라도 깊은 지지를 제공하기 위해서 사용될 수 있습니다.

계속 경청하게 만들기

음성을 통해 권위를 드러내야 한다면

자신의 음성을 적절하게 사용하는 방법을 안다면, 여러분은 원할 때 언제든지 권위 있는 음성을 사용할 수 있습니다. 아직은 음성 기술을 습득하고 있는 단계라고 하더라도, 자신의 진지함을 표현하기 위해 집중적으로 연습할 수 있는 세 가지 훈련이 있습니다.

음성을 위해 깊은 지지를 사용하세요. 2장의 '음성 지지하기' 섹션과 3장의 '음성을 위한 강한 지지' 섹션을 다시 한번 살펴보세요. 이 섹션의 훈련들은 단지 큰 소리로 말하기 위한 것이 아닙니다. 작더라도 권위 있고 확고하게 들리는 음성을 사용하고 싶을 때마다 이 훈련을 진행하면 도움이 될 것입니다.

말의 끝머리로 갈수록 점점 소리가 작아지거나 숨소리가 섞이지 않도록 유의하면서 **소리가 생각의 끝까지 통과해 전달되도록 하세요.** 이러한 말하기 방법은 말하고자 하는 내용에 대한 강한 확신을 뒷받침해 줄 것입니다.

특히 단어의 첫머리에 오는 **자음을 명확하게 소리 내세요.** 입과 혀의 많은 근육 에너지를 사용해서 텅 트위스터(훈련 28)를 연습하기 바랍니다.

마지막으로, 발이 지면을 단단히 딛고 있다는 선명한 감각은 신체적으로나 음성적으로 더 강하고 안정적인 느낌을 받을 수 있도록 도와줄 것입니다. 하지만 무엇보다 무릎을 긴장시켜 뒤쪽으로 뻣뻣하게 펴지 않도록 주의하세요. 무릎이 긴장되어 잠겨 있다면, 자유로운 호흡을 방해할 수 있습니다.

몰입을 유도하는 음성을 원한다면

청자가 여러분에게 몰입할 수 있도록 하려면, 여러분은 자연스러운 방식으로 전체 음역을 쉽게 넘나드는 음성을 가져야 합니다. 음역 전체에 걸쳐 공명 훈련을 한다면 이러한 음성을 만드는 데 도움이 될 것입니다.

훈련 3, 5, 21, 22를 연습하세요.

요약

- 어떠한 소리 습관을 고쳐야 할지 스스로 생각해 보세요.
  올바른 소리 사용을 방해하는 원인이 무엇인지 스스로 파악하기 힘들다면 다른 사람의 의견을 구해 보세요.
- 특정 문제를 해결하기 위한 맞춤형 훈련을 시작하기 전에 목구멍의 긴장을 이완하는 방법과 올바르게 호흡하는 방법을 훈련하세요.

6
음성을 통해
의사소통하기

바람직한 음성 기술은

청중에게 누가 말하는지 또는

어떻게 말하는지가 아니라

무엇을 말하는지를 경청하게 합니다.

여러분이 교사, 종교인, 혹은 사업가라면, 여러분은 효과적인 언어적 의사소통이 자신의 업무 영역에 필수적이라는 것을 잘 알고 있을 것입니다. 하지만 효과적인 의사 전달은 단지 건강하고 뚜렷한 음성을 통해서만 이루어지는 것은 아닙니다.

청자의 이목 사로잡기

직장, 무대 그리고 일상의 삶에서, 우리가 말을 하려 입을 떼는 것은 보통 누군가를 설득하기 위함입니다. 그러나 설득이 언제나 간단한 것은 아닙니다. 실제로 청자의 몰입을 방해하는 많은 요소가 존재합니다. 효과적으로 설득하기 위해서는 청자의 이목을 사로잡아야 합니다.

연극 분야 밖에서 음성과 의사소통 기술을 개선하고자 하는 선생님이나 사업가와 일하다 보면, 그들에게서 되풀이되는 몇 가지 좋지 않은 의사소통 습관을 발견하곤 합니다. 화자 스스로가 인식하지 못하는 이러한 습관은 화자가 전달하고자 하는 아이디어, 메시지, 이미지 등이 좋을지라도 청자의 관심과 마음을 사로잡는 것을 방해합니다.

나쁜 습관 파악하기

여러분 스스로가 주의할 수 있도록 효과적인 의사 전달을 방해하는 몇 가지 나쁜 습관을 공유하고자 합니다. 자신의 습관을 인식하기 위해서는 도움이 필요할 수도 있습니다. 용기를 내어 친구에게 여러분의 연설을 듣거나 여러분이 가르치는 모습을 봐 달라고 요청해 보세요. 아니면 핸드폰의 음성 녹음이나 영상 촬영 기능을 통해 자신의 음성과 모습을 녹음하거나 녹화하여 활용해도 좋습니다.

음성 에너지를 유지하고 청중의 집중 유지하기

문장 끝머리에서 약해지는 소리

소리가 약해지는 현상은 대체로 문장 뒷부분의 단어들이나, 맨 마지막 단어를 말할 때 발생합니다. 따라서 다음 문장으로 넘어가기 전에, 문장의 끝, 즉 생각의 끝을 명확히 인식하는 것이 중요합니다(하나의 단문장은 하나의 생각을 표현합니다*). 영어로 말할 때, 문장의 말미에서 억양이 떨어지는 것은 흔한 현상입니다. 하지만 이러한 억양 패턴을 인위적으로 바꾸거나 부자연스럽게 만들지 않으면서도 전달하고자 하는 생각의 마지막까지 소리 에너지를 유지할 수 있는 방법이 있습니다.

문장의 마지막 단어에서 청중에게 공을 던진다고 상상하면 소리 에너지를 문장 끝까지 유지하는 데 도움이 될 것입니다. 공을 청중에게 보내며, 청중에게 공이 도달하는 모습을 확인한다고 상상해 보세요. 만약 텍스트를 읽으면서 작업하고 있다면, 다음 문장을 내려다보기 전에 문장의 마지막 단어나 구절에서 눈을 떼고 청중을 바라보세요. 처음에는, 읽고 있던 부분을 놓칠까 봐 염려할 수 있기 때문에 연습이 필요한 기술입니다. 하지만 이 기술은 여러분이 생각하는 것보다 쉽게 익힐 수 있습니다. 책 혹은 작업해야 하는 텍스트를 가지고 지금 바로 시도해 보세요.

연습 내내 몸 깊은 곳으로부터 지지되는 소리와 연결된 감각을 유지하고 소리 에너지를 줄이거나 속삭이지 않도록 주의하세요. 문장의 끝머리가 가장 중요한 부분일 수도 있습니다.

반복되는 음조

같은 음조를 반복하는 습관은 텍스트를 읽으면서 연설하는 경우 자주 발생합니다. 텍스트를 읽으며 연설하는 경우, 각 문장을 정확히 같은 방식으로 끝맺거나, 같은 음으로 마무리하는 경향이 있기 때문입니다. 반복되는 음조는 청자를 지루하게 하고, 청자의 몰입을 방해합니다. 또한 화자가 자신이 말하는 내용을 충분히 이해하지 못한 것처럼 비칠 수 있어서, 청자에게 진정성을 전달하기 어렵고, 심지어 청자의 기분을 거북하게 만들 수도 있습니다.

이러한 상황을 방지하기 위해, 텍스트를 읽으며 연설할 때 청자에게 이야기를 들려주거나 어떤 생각을 탐험한다고 생각해 보세요. 어린아이에게 하듯 청중에게 말하라는 의미는 아닙니다. 하지만 일방적으로 이야기를 하는 것이 아니라 청중과 진정으로 대화를 나눈다면, 연설의 음악성과 억양의 다양성이 풍성하게 유지될 것입니다. 연설이나 강연은 혼자서 하는 활동이 아닙니다. 적어도 청자와 화자, 총 두 사람이 필요하고, 두 사람 모두 과정에 능동적으로 참여하고 있습니다. 청자는 여러분이 하는 말을 듣기 위해 그 자리에 온 것입니다. 그러니 단상 위에 홀로 서 있다고 하더라도, 청자가 경청하고자 그 자리에 함께하고 있다는 사실을 기억하세요.

일방적으로 이야기하는 것이 아니라

청자와 진정으로 대화하세요.

속도와 크기 조절하기

너무 빨리 말한다면

자연스럽고 알맞은 말하기 속도를 찾기 위해서는 큰 소리로 연습해야 합니다. 일방적으로 이야기하는 것이 아니라 청자와 진정으로 대화해야 한다는 점을 기억하고, 청자가 여러분의 말을 이해하고 곱씹어 볼 기회를 주세요.

어떤 사람들은 문장의 첫머리에서 너무 빠르게 말을 합니다. 문장에서 가장 먼저 강조되는 단어나 요점에 도달하기 위해 경주를 하는 것처럼 보이죠. 청자가 말의 요점을 향해 숨 가쁘게 쫓아가게 하는 대신, 화자인 우리가 청자를 이끌어 주어야 합니다.

또한, 청자가 여러분의 말이 빨리 끝나기를 바란다고 생각하게 되는 착각에 빠지지 마세요. 이는 자의식이 과잉된 상태임을 의미합니다. 중요한 것은 여러분이 누구인지가 아니라 여러분이 전달하고자 하는 말의 내용입니다. 바람직한 음성 기술은 청중에게 누가 말하는지 또는 어떻게 말하는지가 아니라, 무엇을 말하는지를 경청하게 합니다.

너무 작게 말한다면

오직 첫 번째 줄에 앉아 있는 사람들하고만 소통하는 듯한 연설을 들을 때가 있습니다. 이는 부분적으로 화자가 어느 곳을 바라보는지에 따라 영향을 받기도 합니다. 생각과 소리를 멀리 보내기 위해서는 청중의 맨 뒷줄을 인식하는 감각을 가져야만 합니다. 모든 청중을 바라보세요.

좋은 신체적 습관 사용하기

아이 콘택트(Eye contact: 상대방과 눈을 마주 바라보는 일*)

앞서 언급한 대로 청중 앞에서 말할 때에는 여러분의 시선 안으로 공간 전체가 들어와야 합니다. 하지만 아이 콘택트 역시 청자의 집중을 유도할 수 있는 매우 강력한 도구입니다. 짧은 순간이라도 청자 개개인과 눈을 마주친다면, 청자를 화자와 화자가 말하는 내용에 몰입하게 할 수 있습니다. 이는 대규모 청중, 소규모 그룹, 심지어 개인에게도 유효합니다.

하지만 누군가의 시선을 너무 오래 붙잡는다면 그들이 불편함을 느낄 수 있으니 주의하기 바랍니다. 상대방과 연결되었다는 느낌이 드는 정도에서 아이 콘택트를 그쳐야 합니다. 또한 생각이나 문장이 끝날 때까지 공간 전체로 시선을 유지한다면, 소리 에너지를 지속하고 말하고자 하는 전체 맥락에 힘을 싣는 데 도움이 될 것입니다.

'텔Tell'을 가지고 있나요?

'텔tell'은 포커에서 선수의 허세를 드러내는 작고 무의식적인 움직임을 의미하는 단어입니다(포커에서 상대방의 패를 평가하는 데 참고할 만한 평소와 다른 상대방의 습관이나 몸가짐의 변화*). 대부분의 사람은 긴장을 하면 자신도 모르게 '텔'을 표출합니다. 따라서 자기 자신의 '텔'이 무엇인지 파악해 놓으면 도움이 될 것입니다(긴장을 자각하고 의식적으로 이완할 기회를 가질 수 있습니다*). 여러분을 잘 아는 누군가에게 물어봐도 좋습니다.

흔한 '텔'의 종류에는 뻣뻣해지거나 꽉 쥐고 있거나 움찔거리는 손, 발 구르기, 다리 떨기, 올라간 어깨, 기울어진 머리, 치켜든 턱 등이 있습니다. 물론 여기에 언급하지 않은 다양한 '텔'이 있을 수도 있습니다.

입 움직이기

말할 때 입을 충분히 사용하세요(과장되게 움직이라는 뜻은 아닙니다!). 말하는 모습을 거울로 확인해 보면 좋습니다. 생각보다 입을 훨씬 덜 움직이고 있다는 것을 알게 될 것입니다.

우리는 사람들의 입술을 보면서 그들이 말하는 바의 많은 부분을 이해합니다(청각뿐만 아니라 입술의 움직임을 시각적으로 보면서도 말하는 내용의 많은 부분을 이해할 수 있습니다*). 나아가, 모든 청자가 항상 뛰어난 청력을 가지고 있는 것도 아닙니다.

잘 앉고 잘 서기

두 발을 모으고 서 있더라도, 체중이 발바닥에 고르게 퍼지도록 하고 무릎의 긴장을 풀어야 합니다. 힐을 신을 때는 체중이 뒤쪽으로 실리는 경향에 유의하세요. 체중이 발뒤꿈치로 쏠리면 소리 또한 뒤로 당겨지고, 자유롭게 말하는 것이 훨씬 더 어렵게 느껴집니다.

긴장 없는 균형 잡힌 바른 자세(두 발바닥에 체중이 골고루 퍼지고 척추가 길어지는 느낌으로 선 자세*)는 자신감을 표현하고 청자의 이목을 사로잡는 데도 도움이 됩니다. 반면에 몸의 무게를 뒤로 쏠리게 하거나 아래로 무겁게 꺼지도록 둔다면, 전하고자 하는 메시지에 대해 자신감이 부족한 것처럼 보일 수 있습니다.

앉아서 말을 한다면, 적어도 한쪽 발이라도 발바닥 전체를 바닥에 닿도록 하세요. 지금 시도해 보세요. 그다음에는 발바닥이 부분적으로 바닥에 닿도록 하세요. 느낌이 다르지 않나요? 발바닥 전체가 바닥에 닿으면, 안정된 자세가 되어, 더 깊고 편안한 호흡을 할 수 있습니다. 발과 발목의 긴장은 몸 전체에 서서히 퍼져 올바른 호흡 및 음성 작용을 방해합니다. 음성을 만들어 내는 데 발은 관여하지 않는다고 생각할 수 있지만, 사실 발도 음성에 영향을 미칩니다.

요약

- 효과적인 의사소통을 방해하는 나쁜 말하기 습관을 발견하기 위해 노력하세요. 다른 사람이 이러한 습관을 찾도록 도와줄 수도 있습니다. 긴장하면 나타나는 작은 습관들을 알아내는 데도 역시 다른 사람의 도움을 받을 수 있습니다.

- 생각과 문장의 끝까지 소리 에너지를 유지하며, 일방적으로 말하지 말고 진정으로 청중과 대화하세요. 너무 빠르게 말하지 말고, 객석 뒷공간까지 소리가 전달되게끔 큰 소리로 말하세요.

- 공간을 자주 바라보며 청자 개개인과 짧은 아이 콘택트를 하세요. 자신감을 얻고 편안하게 말하기 위해 체중이 두 발바닥에 골고루 퍼지도록 하고, 명료한 메시지 전달을 위해 입을 충분히 움직이면서 말하려고 노력하세요.

7
청소년과 작업하기

연극 워크숍과 학생 공연을 통해

자신의 음성을 올바르게

사용하는 방법을 배운 학생들은

세상 속에서 자신의 위치에 대한

더욱 견고한 감각을 가지고

사회생활에서 올바른 음성 기술을

응용합니다.

이 책 대부분의 훈련은 교사가 학생들과 작업할 때에도 사용할 수 있습니다. 하지만 경험 많은 교사라면 익히 알다시피 어린 학생들, 특히 자아를 인식하기 시작하는 청소년은 자의식이 강하고 또래 친구를 의식하는 경향이 있습니다. 학생들과 함께 연습할 음성 훈련을 선택할 때 이러한 요소에 주의를 기울이세요. 특히 자신이 취해야 할 자세나 훈련에 대해 청소년들이 민망함이나 창피함을 느끼지 않도록 하는 것이 중요합니다. 민망함과 창피함은 올바른 음성 사용을 저해하는 신체적 긴장만을 초래할 뿐입니다.

학생들과 작업하면서 음성 훈련을 이끌 때, 저는 학생들이 서로 쉽게 눈을 마주치거나 다른 친구들로부터 관찰되는 상황을 피할 수 있는 대형을 유지하려고 노력합니다. 따라서 학생들이 안정감을 느끼기 전까지는 원 모양으로 둘러서는 대형이 항상 유용한 것은 아닙니다. 학생들에게 허리를 구부려 상체를 숙이는 자세를 취하게 할 경우에는, 먼저 학생들 뒤에 아무도 없게 하기 바랍니다. 학생들은 몸을 흔드는 것조차 창피해할 수 있고, 특히 여학생들은 불편함을 느낄 수도 있습니다.

남학생들에게 가장 두드러지고 당황스러울 수 있는 '피치 브레이크'(훈련 5를 보세요)를 해결하기 위한 훈련을 시도해 보는 것이 좋은 선택일 수 있습니다. 학생들에게 허밍이나 열린 모음으로 높은음부터 낮은음까지 미끄러지듯이 소리 내라고 요청할 때, 필요 이상으로 크게 소리 내지 않아도 된다고 말해 주세요. 특히 남학생들의 경우, 지나치게 높은음까지 낼 필요는 없습니다(훈련 39와 45를 보세요). 남학생들의 음성은 변성기를 겪은 후 안정되기까지 시간이 걸립니다. 혹시 최근에 변성기를 겪었다면, 피치 브레이크가 일어나는 음역 이상으로 소리 낼 필요는 없습니다. 하지만 학생들이 높은음을 내려고 시도한다면, 이상하고 재미있는 소리를 내도 좋다고 안심시키고, 요들을 가르칠 수도 있습니다!

여러분이 먼저 훈련을 시연한다면 최상의 결과를 얻을 수 있을 것입니다. 훈련을 통해 얻고자 하는 바를 포함하여 간단명료하게 훈련에 관해 설명해 주세요.

호흡

배우가 어떻게 복부로부터 호흡하고 말하는 감각을 터득하는지, 그리고 이러한 감각이 왜 중요한지에 대해 학생들에게 설명해 주세요. 1장의 작업, 특히 '호흡이 작용하는 방법', '만져 보기' 및 '시도해 보기' 섹션의 훈련을 이용해 보길 제안합니다. 학생들의 연령에 따라 '음성을 방해하는 신체의 긴장'을 포함한 '음성이 작용하는 방법—발성' 섹션을 활용할 수도 있습니다.

준비—스트레칭 및 긴장 풀기
학생들에게 하품을 하고 기분이 좋아지는 어떠한 방식으로든 상체를 스트레칭하라고 하세요. 그리고는 손과 팔, 발, 다리를 흔들며 털라고 합니다.

훈련 35: 호흡 운용 배우기

일어서서 다음 훈련을 진행할 수도 있지만, 학생들은 쉽게 지치고 바른 자세를 유지하는 것을 힘들어할 수도 있습니다. 그래서 보통의 경우 저는 학생들을 우선 앉도록 합니다.

편안하게 어깨와 허리를 편 상태로 의자에 앉거나, 벽에 등을 대고 바닥에 앉으라고 말해 주세요.

턱 근육, 얼굴 및 목을 마사지하라고 합니다.

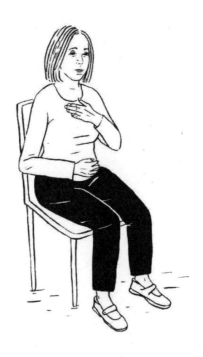

이제 한 손을 배꼽이 있는 복부에 올리고, 그곳에서 호흡의 움직임을 느껴 보라고 하세요.
복부로 호흡하는 것을 상상해 보라고 합니다.
다른 한 손을 가슴 위에 올리고, 가슴 쪽으로 호흡이 올라오지 않도록 주의하라고 말해 주세요.

이 훈련에서는 교사가 수를 세어 주어야 합니다.

학생들에게 숨을 들이마시고 여러분이 10까지 셀 동안 천천히 숨을 내쉬라고 하세요.
이번에는 12까지 셀 동안 천천히 숨을 내쉽니다.

이번에는 14까지 셀 동안 천천히 숨을 내쉽니다.

이번에는 16까지 셀 동안 천천히 숨을 내쉽니다(호흡의 끝자락에서 목구멍을 조이지 않고 숨을 내쉴 수 있는 경우에만).

∎

교사는 학생들의 나이와 체구에 따라 학생들이 얼마나 오랫동안 숨을 내쉴 수 있는지 판단해야 합니다. 학생들의 체구가 작으면 그리 길게 호흡을 내보내지 못할 수도 있기 때문에, 6이나 8에서부터 수를 세기 시작할 수도 있습니다.

목이 아닌 복부에서부터 나오는 호흡을 떠올릴 수 있도록 격려해 주세요. 학생들은 손이 놓여있는 부분(특히 아래쪽 손)이 호흡이 나가면서 천천히 몸 안쪽으로 들어오고, 호흡이 들어오면서 다시 부풀어 오르는 것을 느낄 수 있을 것입니다.

훈련 36: 복부로부터 말하기

∎

훈련 35를 반복하세요. 하지만 이번에는 호흡을 천천히 내쉬는 대신에 크게 소리 내어 수를 세어 보라고 합니다.

입이 복부 바닥에 있고 그곳에 있는 입으로 말하는 것을 상상해 보라고 말해 주세요.

굵고 낮은 소리를 내라는 의미가 아니라는 것을 충분히 설명해 줍니다.

∎

복부로부터 말하는 감각을 느껴 보세요.

입이 복부에 있다고 상상합니다.

요약

- 시간을 내서 학생들에게 호흡이 어떻게 작용하는지 설명해 주세요.
- 호흡과 음성이 자유롭게 흘러나갈 수 있도록 상체를 스트레칭하고 긴장을 이완해 주세요.
- 학생들이 호흡 운용 능력을 기르고 몸 깊은 곳으로부터 호흡하고 말하는 것을 배울 수 있도록 호흡 훈련을 진행하세요.
- 학생들이 깊은 호흡의 지지를 통해 말하는 것을 저음으로 말하는 것으로 오해하지 않도록 충분히 설명해 주세요.

공명

2장에서 공명에 관해 기술한 바 있습니다. 훈련 37, 38 및 39를 시도하기 전에 학생들에게 공명에 대해 설명해 주세요.

학생들이 계속 앉아 있는 상태에서 이 훈련을 진행할 수도 있지만, 어느 시점에서 학생들을 일어서게 한다면 더 활력 있게 훈련을 진행할 수 있습니다. 학생들에게 체중을 두 발바닥에 고르게 분배하고 서서, 호흡을 중심에 연결하라고 합니다.

학생들의 무릎이 긴장되어 있지는 않은지 확인하세요.

훈련 37: 가슴에서 공명하는 소리 느끼기

■

학생들에게 한 손을 가슴에 얹고, 호흡의 지지를 이용하여 긴 허밍을 시작하라고 합니다.

허밍 소리의 진동이 더 증폭될 수 있도록, 가슴을 가볍게 두드리고 문지르라고 합니다.
새로운 호흡이 들어올 때마다 음을 바꾸라고 말해 주세요.

■

훈련 38: 얼굴 앞쪽으로 소리 내보내기

이번 훈련은 학생들이 얼굴 앞 공간에서 공명하는 소리를 느끼는 데 도움이 됩니다. 이러한 공명 훈련을 통해 학생들은 보다 명확한 소리를 전달할 수 있습니다.

■

두 손을 컵 모양으로 동그랗게 모아 오므려서 얼굴 앞으로 가져오게끔 하세요(두 손에 물을 담기 위한 손 모양*). 이때, 손바닥이 얼굴에 닿지 않도록 주의하라고 설명해 줍니다. 그런 다음 두 손 안에 소리의 진동을 모으는 것처럼, 손바닥으로 허밍을 보내라고 하세요. 실제로는 진동(공명하는 소리*)을 손에서 느끼기보다는 얼굴에서, 특히 입술에서 느낄 가능성이 더 높습니다.

여러 다른 음으로 반복합니다. 얼굴에서 진동을 느낄 수 있는지 물어 보세요.

이제 학생들에게 두 손 안에 소리의 진동을 모으는 것과 같은 감각으로 1부터 10까지 크게 수를 세어 보라고 합니다. 한 번의 호흡으로 10까지 다 세지 않아도 됩니다(필요하다면 언제든지 새 호흡이 들어오도록 합니다*).

손을 얼굴 앞에서 내리고 다시 1부터 10까지 수를 세어 보라고 합니다. 학생들이 얼굴 앞에서 공명하는 소리를 여전히 느낄 수 있는지 확인해 주세요.

■

훈련 39: 공명하는 소리와 놀기

이번 훈련의 목표는 음역 전체에서 공명을 느끼는 것입니다.

■

자신의 음역을 오르내리며 미끄러지듯이 허밍하라고 지도합니다. 위로 아래로, 여기저기 구석구석 자신의 음역을 탐험합니다. 남학생들에게는 피치 브레이크가 들려도 괜찮다고 말해 주세요. 몸과 얼굴 앞쪽에서 울려 퍼지는 소리의 진동을 학생들에게 다시금 상기시켜 주세요.

■

요약

— 공명이 무엇인지 학생들에게 설명해 주세요.

- 허밍을 하면서 가슴을 문지르고 야무지게 두드려 주면 공명이 더욱 활성화됩니다.
- 두 손을 동그랗게 모아 오므려서 얼굴 가까이에 가져가고, 공명하는 소리를 얼굴 앞쪽으로 보내는 훈련을 하세요.
- 음역 전체에 걸쳐 공명을 느끼기 위해, 자신의 음역을 신나고 재미있게 오르내리며 미끄러지듯이 허밍하라고 하세요.

음성 열기

갈비뼈 스트레칭

학생들이 앉아 있었다면, 두 발바닥에 체중을 고르게 분배하고 서서 호흡을 중심에 연결하라고 지도하세요. 무릎을 긴장시켜 뒤쪽으로 뻣뻣하게 펴지 않도록 주의시킵니다.

오른팔을 머리 위로 펴고 오른쪽 옆구리가 스트레칭되도록 왼쪽으로 쭉 뻗으라고 하세요. 스트레칭된 오른쪽 갈비뼈들을 향해 호흡을 보냅니다.

다시 똑바로 서서 호흡하게 하고, 학생들이 호흡으로부터 느껴지는 차이점을 인지하도록 합니다(오른쪽 갈비뼈들과 왼쪽 갈비뼈들에서 감지되는 느낌이 다를 것입니다*).

반대쪽도 동일하게 반복합니다.

목구멍 스트레칭

하품하기
하품은 말하기와 관련된 모든 신체 부위(목구멍, 혀, 입술 및 얼굴 근육들)를 이완시킬 수 있는 좋은 방법입니다.

어깨가 이완되고 갈비뼈 사이사이가 열릴 수 있도록 하품하면서 몸도 함께 스트레칭하라고 말해 주세요.

하품 숨기기
이번에는 다른 사람에게 들키지 않으려고 몰래 하품을 할 때처럼 입을 열지 않고 하품하라고 하세요. 입 안 뒤쪽 부분이 크게 스트레칭되는 것이 느껴지는지 확인합니다.

훈련 40: 지속되는 소리

■

방 건너편 한 지점에 집중하라고 하세요. 이제 숨을 들이쉬고 그 지점을 향해 편안한 중간 음으로 **마ー**(mah) 소리를 천천히 길게 내보내라고 합니다.

충분한 소리 에너지를 사용해야 하지만, 소리를 억지로 밀어내서는 안 됩니다. 학생들이 소리를 누르거나 밀어내고 있다면 소리가 억지스럽게 들리기 때문에, 여러분은 바로 듣고 알아차릴 수 있을 것입니다.

다른 음으로 반복하되, 이번에는 얼굴에서 공명하는 소리를 느껴 보라고 하세요.

그러고 나서, 학생들에게 엄지손가락과 검지손가락을 사용하여 입속의 소리를 꺼내 밖으로 내보내는 듯한 손동작을 취해 보라고 하세요. 소리가 입으로부터 나와 손을 따라 이동한다고 상상하면서, 손을 앞으로 보내며 멀리 방 건너편을 향해 점차 큰 소리를 내도록 합니다. 큰 소리를 내기 위해 억지로 소리를 밀거나 지르면서 시작하지 않도록 충분히 설명해 주세요. 소리가 거칠어지거나 억지스럽게 들리지 않도록 해야 합니다. 소리가 목이 아닌 복부로부터 나온다는 상상을 할 수 있도록 학생들을 지도해 주세요. 도움이 된다고 느끼는 한, 이 훈련을 지속해도 좋습니다. 학생들이 자신의 음성을 듣고 즐기도록 격려해 주세요.

■

훈련 41: 소리의 진동으로 샤워하기

이번 훈련은 저의 첫 스승인 데이비드 캐리David Carey로부터 전수받았습니다. 자신감 넘치고 함께 작업하는 데 익숙한 청소년 그룹에 가장 적합한 훈련이기도 합니다. 이 훈련은 학생들에게 특별한 경험이 될 것입니다.

■

학생들에게 서로 어깨를 맞대고 원 모양으로 둘러서라고 하세요. 학생들이 서로 친숙하다면, 자신의 양옆에 있는 학생과 어깨동무를 해도 좋습니다.

일단 연습을 시작하면 학생들을 방해하지 않는 것이 바람직하므로 무엇을 하려는지 미리 설명해야 합니다.
눈을 감는 것이 가장 좋지만, 혹여나 학생들이 눈을 감는 것에 불안함을 느낀다면, 원의 중앙에 있는 바닥의 한 지점을 보라고 제안하세요.

깊은 호흡에 집중하라고 합니다.

호흡이 필요할 때마다 숨을 들이쉬도록 지도하면서, 학생들에게 편안한 음으로 허밍을 시작하라고 하세요. 그룹 전체가 함께 만들어 내는 소리를 들어 보라고 합니다.

그런 다음, 언제든 마음이 내킬 때 허밍을 **마**ー(mah) 소리로 변경하고, 그 뒤로는 계속 긴 **마**ー(mah) 소리를 내라고 합니다.

언제든지 원할 때마다 음을 바꿔도 좋다고 학생들에게 말해 주세요. 원 안에서 만들어지는 소리에 귀를 기울이고, 전체 그룹의 소리에 마음 가는 대로 자신의 소리를 더하라고 합니다. 학생들은 모음을 바꾸고 자음을 추가하며 그룹 안의 다른 목소리와 소리의 하모니를 이룰 수도 있습니다.

이 훈련의 핵심은 즉흥적으로 자유롭게 소리를 내는 것입니다. 학생들은 서로 경쟁하는 것이 아니라 다른 학생들의 소리를 듣고, 새로운 소리를 제안하고, 상대방의 소리에 반응하면서 서로 협주하는 것입니다. 그룹 경험을 방해하지 않도록 학생들에게 자신의 소리를 뽐내거나 과시하지 않아야 한다고 강조해 주세요. 그룹이 만들어 내는 소리에 귀 기울이고 반응하게 되면, 학생들은 예상하지 못했던 자신의 놀라운 소리를 발견할 수도 있습니다.

이 그룹 훈련을 통해 학생들은 힘들이지 않고도 자신의 소리를 확장하고, 나누고, 동시에 풀어 주면서 소리를 창의적으로 다루게 됩니다.

학생들이 공연을 할 때
명확히 말하기 위해서는
바람직한 조음을 이해하고
사용하는 것이 필수적입니다.

여러분이 원 안에 서 있다면, 학생들이 그룹 훈련에 몰입하였을 때 조심스럽게 원 밖으로 빠져나오세요.

마지막으로, 한 번에 한 명씩 학생들이 원의 중심으로 들어가서 서 있도록 하세요. 원 중심에 서 있는 학생은 소리를 내지 않고, 다른 학생들이 만들어 내는 소리의 진동으로 샤워하면서 시간을 보내도록 합니다(친구들이 만들어 내는 소리의 진동이 몸에 와 닿는 것을 느껴 봅니다*). 이 과정은 여러분이 사전에 상세히 안내해 주어야 합니다. 연습을 시작할 때, 학생들에게 1~2분 동안 원 중앙에 서게 될 거라고 말해 주면서, 이 단계에서 경험할 내용에 관해 설명해 주세요. 그룹의 소리가 잘 만들어지고 있다고 느껴지면, 순서에 따라 각 학생의 어깨를 부드럽게 톡톡 치면서 원 안으로 들어갈 때라는 신호를 주세요.

여러분도 이 훈련을 시도해 보세요. 오래도록 추억할 경험이 될 것입니다.

훈련 42: 공간 건너편으로 소리를 보내면서 숫자 세기

'소리의 진동으로 샤워하기' 훈련을 마쳤다면, 학생들이 독자적으로 훈련할 공간으로 돌아가도록 합니다. 이제 열린 모음을 소리 내는 훈련에서 단어를 말하는 훈련으로 옮겨 갈 예정입니다.

다시 체중을 양발에 골고루 분배하고 서서, 복부 깊은 곳과 연결하여 호흡하라고 지도하세요. 그러고 나서 학생들이 방 건너편 한 지점에 집중하도록 합니다.

인토닝

학생들에게 편안한 음을 하나 고르고(여러분이 적절한 음을 선택해 줄 수도 있습니다), 그 음에서 부드럽게 허밍하라고 하세요.

다시 숨을 들이쉬고, 바라보고 있는 방 건너편 지점을 향해 같은 음으로 1부터 10까지 소리 내어 수를 세어 보라고 합니다.

음을 들어 올리거나 일반적으로 말할 때 나타나는 음의 오르내림 없이 하나의 음을 일정하게 유지하는 방법을 직접 보여 주세요. 인토닝에 대해서 더 자세히 알고 싶다면 훈련 25부터 27을 참고하기 바랍니다.
학생들은 방을 가로지르며 흘러나가는 소리를 상상하려고 노력해야 합니다.

소리 내고 싶은 또 다른 음을 선택하여 이 훈련을 두세 번 반복하도록 지도해 주세요.

그리고는 학생들에게 방을 가로지르며 흘러나가는 소리에 대한 감각을 유지하면서, 이번에는 정상적인 억양으로 크게 소리 내어 숫자를 세어 보라고 합니다.

■

훈련 43: 움직임과 함께 소리를 자유롭게 하기

이 훈련은 소리를 자유롭게 하고, 학생들이 소리 에너지를 유지하는 데 도움을 줍니다.

■

학생들에게 한 발이 다른 발 앞으로 오도록 두 발을 벌린 자세로 서라고 하세요. 왼발이 앞에 놓였다면, 마치 공을 던지는 것처럼 오른팔을 몸 뒤쪽에서 앞쪽으로 반원을 그리며 움직이라고 합니다. 공을 던지면서 어깨까지 방 저편으로 던진다는 상상을 해 보라고 합니다. 이제, 다른 발을 앞에 두고 팔을 바꿉니다.
왼쪽 오른쪽 양방으로 네다섯 번, 공과 어깨를 던지는 것처럼 팔을 움직이는 행동을 반복합니다.

다시 반복하는데, 이번에는 어깨와 함께 소리가 방 저편으로 던져지는 것을 상상하면서, 행동 하나에 숫자 하나를 붙여가며 1부터 10까지 차례로 수를 세어 보라고 합니다.

그런 다음, 팔을 움직이지 않고, 방 건너편으로 자유롭게 흘러가는 소리에 대한 기억과 함께 다시 1부터 10까지 수를 셉니다.

다시 수를 셉니다. 하지만 이번에는 공과 어깨를 던지는 것처럼 팔을 움직이는 행동을 첫 번째와 마지막 숫자를 셀 때만 시도해 보라고 합니다.

한 번에 한 구절이나 한 줄씩, 연습하고 있는 연극의 대사를 말하면서 위의 훈련을 연습하도록 지도합니다.

■

경험이나 훈련이 부족한 배우는 대사의 시작을 서두르고 대사 끝에서 에너지를 떨어뜨리는 경우가 많습니다. 이 훈련의 첫 부분은 생각이나 대사 전반에 걸쳐 소리 에너지를 방출하는 데 도움을 주고, 두 번째 부분은 대사의 시작과 끝에서 소리 에너지를 경험하는 데 도움을 줍니다.

다만 공과 어깨를 던지듯이 팔을 움직이는 훈련은 학생들에게 다소 힘들 수 있으므로 연습을 알맞게 조절하는 것이 좋습니다.

훈련 44: 공놀이

이 훈련은 학생들이 문장의 끝까지 소리 에너지를 유지해야 한다는 것을 깨닫도록 합니다.

■

한 장면에서 두 명 이상의 학생들이 대화하는 경우, 학생들에게 공을 주면서 **대사의 마지막 단어에서** 다음 대사를 하는 학생에게 공을 던지라고 합니다.
장면 내내 각 학생이 자기 대사의 마지막 단어를 말할 때 공을 던져야 합니다.
이 훈련은 학생들이 공을 받기 위해 기다리면서 다른 학생이 말하는 대사를 끝까지 경청할 수 있도록 도움을 줍니다.

이번에는 실제로 공을 던지지는 않지만, 마지막 단어를 다음 화자에게 보내는 기억을 가지고 장면을 반복합니다. 이는 오직 마지막 단어에서 소리 에너지를 유지하기 위함이므로, 학생들이 과장해서 말하지 않도록 지도해 주세요.

이제 전체 훈련을 다시 해봅니다. 이번에는 대사의 마지막 단어뿐만 아니라 첫 단어에서도 공을 던집니다. 두 개의 공을 사용해야 합니다.

■

훈련 45: 높은음부터 낮은음까지 미끄러지듯이 소리 내기

이 훈련은 소리를 열고 음역을 넓히는 데 도움을 줍니다.

■

다시 체중을 양발에 균등히 분산시키고 서서, 복부 깊은 곳과 연결하여 호흡하라고 지도합니다.
방 건너편 한 지점에 집중하라고 합니다.

이제 편안하게 낼 수 있는 높은음에서 낮은음까지 몇 차례 미끄러지듯이 **하－ (Hah)** 소리를 내라고 하세요. 소리가 위로 올라가 저 멀리 나아가서 방 건너편 집중하던 그 지점으로 착륙한다는 상상을 해 보라고 합니다.

이제 다른 모음을 이용해 높은음에서 낮은음까지 미끄러지듯이 소리를 내어 보라고 합니다. **헤이(hey), 호(hoh), 히(hee), 허(haw), 하우 (how).**
여학생들은 높은 음역에서 훈련을 시작할 수 있지만, 남학생들의 경우 피치 브레이크가 일어나는 음역 이상으로 높은음을 낼 필요는 없습니다. 학생들이 너무 큰 소리를 내지 않도록 지도해 주세요. 학생들이 소리의 시작에 무리하게 힘을 주는 경우를 대비해서 여러분은 학생들의 소리에 귀를 기울여야만 합니다.

■

요약

- 옆구리 스트레칭 훈련은 갈비뼈 사이사이를 열어 주고, 하품하기와 하품 숨기기 훈련은 목구멍을 열어 줍니다.
- 학생들이 그들의 몸 밖으로 멀리 나가는 소리를 느낄 수 있도록 천천히 길게 **마**—(mah) 하고 소리 내는 훈련을 이용하세요.
- 소리의 진동으로 샤워하기 훈련은 그룹 안에서 소리를 가지고 노는 즐거운 방법입니다. 이 훈련을 통해 소리를 풀어 주고 열 수 있습니다.
- 인토닝 훈련은 열린 모음 소리를 말에 연결해 줍니다.
- 학생들이 공간을 가로질러 다른 학생에게 소리를 전달할 수 있도록 움직임과 공놀이 훈련을 이용하세요.
- 높은음에서 낮은음까지 미끄러지듯이 소리를 내는 훈련은 음역을 넓히는 데 도움이 됩니다.

조음과 말

학생들이 공연을 할 때 명확히 말하려면 바람직한 조음을 이해하고 사용하는 것이 필수적입니다. 1장의 '음성이 작용하는 방법—조음' 섹션의 훈련을 활용해서 학생들이 혀와 입술을 통해 입 안 어디에서 자음이 만들어지는지 탐험하도록 하세요.

저는 학생들과 작업할 때 자음과 말의 명확성에 관한 많은 훈련을 진행합니다. 하지만 학생들이 발음 방식이나 말씨에 우열이 있다고 생각하지 않도록 하는 것이 무엇보다 중요합니다(영국은 지역과 사회적 계층에 따라 발음 방식 및 말씨에 차이가 있습니다*).

배우는 다른 지역이나 외국 출신의 인물을 연기하기 위해서 다양한 말씨를 사용해야 할 수도 있습니다. 또한 맡은 배역에 따라서는 표준어로 말해야 할 수도 있습니다. 훈련과정에 있는 배우들은 연기의 중요한 도구로서 표준어를 습득하고 연마하기 위해 노력합니다. 하지만 표준어뿐만 아니라 모든 말씨는 청중이 이해할 수 있도록 분명하고 또렷해야 합니다.

학생들이 자기 고유의 말씨 안에서 소리의 명확성과 잠재력을 최대한 계발하는 방법을 배운다면, 학생들은 배역에 따라 사용해야 하는 말씨가 무엇이든 자기 본연의 진실한 음성을 유지할 수 있습니다. 물론, 무대 위에서 말하는 것은 본연의 진실한 음성을 멀리까지 전달해야 하기에, 친구에게 편히 말하는 것과는 다르다는 점을 학생들은 이해해야만 합니다. 학생들은 입을 더 크게 벌리고 말에 더 많은 에너지를 쏟아야 합니다. 그렇게 하면 자신의 소리와 대사 그리고 등장인물의 감정을 청중과 공유할 수 있을 것입니다.

훈련 46: 자음 훈련

■

자음을 선택하고 연속으로 반복해서 소리 내세요:

ㄷ, ㄷ, ㄷ, ㄷ / ㅋ, ㅋ, ㅋ, ㅋ / ㅂ, ㅂ, ㅂ, ㅂ

혀끝, 혀의 뒷부분, 치아, 입술의 움직임을 훈련하기 위해 다양한 자음을 선택하세요(학생들이 직접 선택할 수도 있습니다).

그런 다음, 텅 트위스터(훈련 28)를 연습하면서 위의 자음 훈련을 말로 시도해 봅니다.

특히 단어 끝에 유의하면서 모든 자음을 명확하게 소리 내도록 지도해 주세요.

학생들이 텅 트위스터 훈련 문장을 빠르게 말하면서 재미를 느낄 수 있도록 격려합니다. 하지만 여전히 모든 자음을 정확하게 말해야 합니다.

■

훈련 47: 말의 형상, 소리 및 에너지 탐험하기

텍스트를 활용하는 이 훈련은 학생들이 입안에서 물리적으로 말을 탐험할 수 있도록 고안되었습니다. 말의 에너지를 스스로 조절 가능하다고 생각할 수 있도록 학생들을 격려해 주세요. 학생들은 현재 작업 중인 텍스트를 사용하거나 여러분이 제공한 시를 이용할 수도 있습니다.

■

소리 내지 않고 입 모양으로만 텍스트를 말하도록 지도합니다. 이 과정을 통해 학생들은 말의 형상을 입안에서 느끼게 됩니다.

이제 목구멍에서 소리를 눌러 내지 않게 주의하면서 텍스트를 속삭여 보라고 합니다. 이 단계에서 학생들은 자음을 통과하는 호흡을 느끼면서 자음이 가진 에너지를 인식할 수 있게 됩니다.

소리를 앞으로 멀리 보내는 감각을 유지하면서 텍스트를 조용하게 말해 보라고 지도합니다. 얼굴로 향하는 소리를 상상하고 그곳에서 공명하는 소리를 느껴 보라고 합니다. 학생들은 소리의 진동을 느끼기 위해 얼굴 앞에서 두 손을 동그랗게 오므려볼 수 있습니다.

마지막으로, 학생들이 작업할 공간에 적합한 성량으로 텍스트를 말하도록 지도합니다.

■

요약

– 연극에서 명확하게 말하는 것은 필수적이지만, 명확하게 말하는 것이 특정 말씨를 써야만 가능한 것이 아니라는 점을 학생들에게 설명해 주세요. 어떤 말씨든 본연성을 유지하면서 명확해질 수 있습니다.
– 자음을 반복해서 소리 내며 혀를 훈련합니다.
– 소리 내지 않고 입 모양으로만 말하기, 속삭이기, 조용하게 말하기는 학생들이 입안에서 일어나는 말의 물리적인 측면을 인식할 수 있도록 돕습니다.

청소년을 위한 워밍업

청소년들은 변화하고 있는 자신의 신체와 음성에 자신감이 없는 경우가 많기 때문에 신체적으로나 음성적으로 엄격한 워밍업을 하는 데 있어 어려움을 겪을 수 있습니다. 그래서 저는 소리의 풍부한 다양성을 유지하면서도 크고 명확하게 말할 수 있도록 도울 뿐 아니라 학생들이 편안하게 느낄 수 있는 구조화된 훈련을 구성했습니다. 이 워밍업은 15분에서 30분 정도 소요됩니다. 본격적인 워밍업을 하기에 앞서, 학생들과 함께 이 장의 훈련들을 꼼꼼하게 연습하기 바랍니다.

준비 스트레칭

학생들이 기분 좋은 하품을 하고, 마음 가는 대로 상체를 스트레칭하도록 지도합니다.

얼굴 근육을 펴고, 찡그리고, 또 익살스러운 표정을 지으면서 이리저리 움직여 보라고 합니다.

이제, 얼굴과 턱을 마사지하라고 합니다.

호흡

이 훈련에서는 교사가 소리 내어 수를 세어야 합니다.

학생들에게 허리와 어깨를 펴고 편히 의자에 앉거나, 벽에 등을 대고 바닥에 앉으라고 합니다. 혹은 체중을 양발에 균등하게 분산시키고 서서 무릎을 부드럽게 이완하는 자세도 좋습니다.

복부 깊은 곳과 연결하여 호흡하라고 지도하세요.

학생들에게 숨을 들이마시고 여러분이 10까지 셀 동안 천천히 숨을 내쉬라고 합니다.
이번에는 12까지 셀 동안 천천히 숨을 내쉽니다.
이번에는 14까지 셀 동안 천천히 숨을 내쉽니다.
이번에는 16까지 셀 동안 천천히 숨을 내쉽니다(할 수 있는 경우에만).
목이 아닌 복부에서부터 나오는 호흡을 떠올릴 수 있도록 격려해 주세요.
호흡이 나가면서 갈비뼈들이 내려오고 복부 근육들이 몸 안쪽으로 들어오는 감각을 느껴 보라고 합니다.

공명

학생들에게 허밍 소리를 가슴으로 보내고 손으로 공명하는 소리의
진동을 느껴 보라고 하세요.

이제, 더 많은 공명이 일어날 수 있도록 가슴을 가볍게 두드리고 쓰
다듬으라고 합니다.
새로운 호흡이 들어올 때마다 음을 바꾸라고 말해 주세요.

소리를 앞으로 내보내기
두 손을 동그랗게 모아 오므려서 얼굴 앞으로 가져오고 허밍 소리를
손으로 보내라고 하세요. 두 손안에 소리의 진동을 모으는 상상을 해
보라고 합니다.

여러 다른 음으로 반복합니다.

같은 방식으로, 두 손안에 소리를 모으는 상상을 하며 1부터 10까지
크게 수를 세어 보라고 하세요.

손을 내리고 다시 1부터 10까지 수를 세어 보라고 합니다. 얼굴 앞
에서 공명하는 소리를 여전히 느낄 수 있는지 확인합니다.

이제, 자신의 음역을 이리저리 미끄러지면서 허밍하라고 하세요. 위
로 아래로, 여기저기 구석구석 자신의 음역을 탐험합니다.
남학생들에게 피치 브레이크 현상이 생기더라도 걱정하지 말라고 말
해 주세요.

몸과 얼굴 앞쪽에서 울려 퍼지는 소리의 진동을 느껴 보라고 합니다.

지속되는 소리
부드러운 허밍 소리로 시작해서, 모음 소리로 바꾸고 소리를 천천히 길게 공간을 가로질러 보내라고 하세요.
한 호흡마다 모음을 하나씩 취하고, 소리가 목이 아닌 복부에서 나온다고 상상하며 소리를 방 건너편의 한 지점으로 보내라고 합니다.
새로운 호흡이 들어올 때마다 음을 바꾸라고 말해 주세요.

인토닝
공간을 가로질러 흘러나가는 소리에 대한 감각을 유지하면서, 인토닝으로 숫자를 세거나 한 음으로 텍스트를 인토닝하라고 합니다. 매번 복부로 호흡을 보내고 그곳에서부터 나오는 소리를 상상하도록 지도합니다.

공간 저 멀리 흘러나가는 소리에 대한 감각을 유지하면서, 이번에는 정상적인 억양으로 말합니다. 다시 한번 말하지만, 학생들은 복부로 호흡을 보내고 그곳에서부터 나오는 소리를 상상해야 합니다.

조음과 말

자음과 모음을 반복하여 소리 내면서 혀끝, 혀의 뒷부분, 치아 그리고 입술을 훈련합니다.

텅 트위스터 훈련을 연습하세요.

텍스트

워밍업의 마지막 단계로서 작업하고 있는 연극의 대사나 시를 활용하여 텍스트 훈련을 진행하세요.

학생들에게 소리를 내지 않고 입 모양으로만 대사를 말해 보라고 하세요. 이어서 속삭이며 대사를 말하라고 합니다.
그런 다음 조용하게 대사를 말해 보라고 하고, 마지막으로는 그들이 공연할 공간을 충분히 채울만한 성량으로 대사를 말하라고 합니다.

정면을 향해 대사를 말하는 동시에, 한쪽 팔을 마치 공을 던지는 것처럼 몸 뒤쪽에서 앞쪽으로 반원을 그리며 움직이라고 하세요. 어깨와 함께, 대사가 공간을 가로질러 앞으로 던져지는 상상을 해 보라고 합니다. 각 구절이나 대사의 첫 단어와 마지막 단어에서만 팔을 움직일 수도 있습니다.

자신으로부터 흘러나가는 에너지를 느끼면서, 공간 저편으로 대사를 인토닝하여 보내라고 하세요. 그런 다음, 대사를 정상적인 억양으로 말하라고 합니다. 정상적인 억양으로 말하더라도 학생들은 공간을 가로질러 흘러나가는 소리에 대한 감각을 유지해야 합니다.

8
영국 국립 극장에서의
음성 작업

호흡과 발성이 좋아야

더욱 훌륭한 배우가 될 수 있습니다.

수많은 명배우들이 여러분과 동일한 내용의 훈련을 하고 있습니다. 여러분도 이 책과 함께 훈련하면서 이러한 사실을 발전의 원동력으로 삼아 보세요.

배우와 작업하기

배우에게 음성 코치가 필요한 이유

사람들은 때때로 '전문 배우에게 굳이 음성 코치가 왜 필요한가요?' 라고 묻습니다. 저는 보통 제 역할을 스포츠 코치의 역할에 비유하며 그 질문에 답합니다. 음성 코치는 기본적으로 배우들의 직업적 요구 사항을 충족시키기 위해 그들의 음성을 최적의 상태로 유지시키는 역할을 하지만, 배우들이 발성 기술을 지속해서 향상할 수 있도록 돕기도 합니다. 운동선수, 가수, 무용수와 마찬가지로, 배우도 본인의 커리어 동안 계속하여 기술을 연마해야 합니다.

국립 극장에는 영국에서 최대 규모이자 가장 까다로운 두 개의 극장이 있습니다. 제가 국립 극장에서 함께 일하는 배우 대부분은 어느 정도의 훈련을 받았지만, 모두가 그런 것은 아닙니다. 저는 국립 극장에서 배우들의 음성이 명확히 잘 들릴 수 있도록 확인하는 직책을 맡고 있습니다. 저의 미션은 배우들이 등장인물의 성격을 유지하며 텔레비전 방송이나 영화가 주는 친밀감에 익숙한 관객들에게 진실하고 섬세하게 이야기를 전달하면서도 그들의 대사가 분명하게 들리도록 하는 것입니다.

대극장에서의 음성 작업

관객뿐만 아니라 배우들도 영화나 텔레비전 방송의 영향을 받습니다. 경력이 짧은 배우들은 특히 대극장에서 연기할 때면 혹여 사실적이고 진실하게 존재하지 못할까 봐 염려하기도 합니다. 이전 세대의 배우들은 주간 레퍼토리 극장에서 지속적인 훈련을 할 수 있었고, 한 시즌 동안 꽤 큰 극장에서 다양한 역할을 연기할 기회가 있었습니다. 하지만 오늘날 이러한 시스템은 사라졌고, 연극 학교에 다니는 젊은 배우들의 연기 경험은 소극장이나 스튜디오 형태의 공연장에서 이루어집니다. 더군다나 연극 학교를 졸업하고 나서 처음으로 갖는 직업적 경험은 무대 위가 아니라 카메라 앞에서 이루어질 수도 있습니다.

그래서 저는 국립 극장에서 젊은 배우들이 본인 소리로 대극장의 공간을 채우는 데 도움을 줄 수 있는 프로그램을 기획하였습니다. 국립 극장은 매년 영국의 주요 연극 학교 학생들과 음성 교사들을 초청하여 올리비에 극장을 경험해볼 수 있는 기회를 제공하고 있습니다. 올리비에 극장은 그리스 원형 극장에 바탕을 두고 있어 특히 무대가 크고 넓으며, 관객석이 무대 앞으로 넓게 펼쳐져 있습니다. 학생들은 객석 구석구석까지 대사를 전달하기 위해 얼마나 많은 에너지와 큰 성량을 사용해야 하는지 몸소 체험하면서 놀라곤 합니다. 또한 학생들은 본인이 느끼기에는 너무 크고 과장되어 발음된 것만 같은 대사가 실제로 객석의 관객에게는 완벽히 자연스럽게 들린다는 점을 깨닫게 됩니다. 자음은 특히 쉽게 소실되는 소리이기 때문에 더욱 주의를 기울여야 한다는 사실도요.

올리비에 극장 무대의 앞부분은 객석 안쪽으로 약간 돌출되어 있습니다. 따라서 배우가 이 돌출 무대로 내려오면 관객 중 일부는 배우 뒤에 있게 되고, 배우가 옆으로 돌아선다면 훨씬 더 많은 관객을 등지게 됩니다. 따라서 배우는 대사나 구절의 말미에서 소리 에너지를 떨어뜨리지 않도록 주의해야 합니다. 그렇지 않으면 배우 뒤에 있는 관객에게는 배우의 말이 들리지 않을 수 있습니다.

올리비에 극장 무대의 대부분은 관객석으로부터 멀리 떨어진 큰 원형이며(올리비에 극장 무대는 거대한 부채꼴의 관객석을 마주한 큰 원형입니다*), 그 위로 무대 세트의 배경막이 걸리는 높은 탑이 있습니다. 이러한 엄청난 크기의 극장에서 서사적이고 강력하며 동시에 현대적이어서 오늘날의 관객들에게도 받아들여질 수 있는 연극을 보여 주기 위해서는 최상의 발성 기술이 필요합니다. 따라서 젊은 배우들은 이러한 극장을 경험하는 기회를 통해 매우 긍정적인 효과를 볼 수 있습니다. 이 프로그램에 초대받은 학생들과 교사들은 대극장이 주는 도전 과제에 맞서 능력을 발휘하고, 이러한 경험은 학생들이 학교 교육과 프로 무대 사이의 간극을 메우는 데 도움을 주고 있습니다. 연습할 수 있는 기회조차 제공받지 못하는 젊은 배우들에게 공간을 소리로 채우지 못한다고 불평할 수는 없습니다.

'공연에 적합한 신체 상태'

대부분의 배우는 연극, 텔레비전 방송, 영화, 라디오 등 다양한 영역에서 활동합니다. 그러므로 배우들은 한동안 연극을 하지 않다가 영국 국립 극장의 공연을 하게 되기도 하죠. 이런 상황에서 제 역할은 배우들이 대극장에서 수월하고 유연하게 작업할 수 있는 기술, 체력 그리고 자신감을 되찾아 '공연에 적합한 신체 상태'를 갖추도록 돕는 것입니다.

앞서 설명했듯이, 말하는 것은 매우 신체적인 활동입니다. 더군다나 대극장에서 전문적으로 말하는 것은 육상경기를 치르는 것과 같고, 종종 감정적으로 힘든 일이 될 수도 있습니다. 공연이란 강렬한 경험이기 때문에 배우들은 무대에 오를 때마다 엄청난 에너지가 필요합니다. 만약 한동안 연극 무대를 떠나 있던 배우가 자신의 음성을 공연에 적합한 상태로 되돌리지 않은 채 연극 작업에 참여한다면, 그 배우의 음성에는 금세 무리가 올 것입니다.

국립 극장은 대부분의 연극 공연을 레퍼토리 시스템으로 운영하고 있습니다. 즉, 하나의 연극을 4~5일마다 다른 연극과 번갈아 가며 공연합니다. 또한 대개 배우들은 낮 동안에는 새로운 연극을 연습합니다. 다른 대부분의 극장에서는 배우들이 저녁 공연 6회, 낮 공연 2회를 포함하여 일주일 동안 총 8회의 무대에 서게 됩니다. 공연 기간은 다양하지만, 배우들은 일반적으로 연간 단위로 계약을 체결합니다. 따라서 좋은 연극배우가 되기 위해서는 엄청난 체력이 필요합니다.

공연의 기술적인 측면 외에도, 배우는 호흡과 음성에 영향을 미치는 불안과 두려움을 정기적으로 관리해야만 합니다. 배우들이 불안과 두려움을 느끼는 데는 여러 가지 타당한 이유가 있습니다. 배우는 연출가를 만족시켜야 한다는 초조함을 느낄 수 있고, 새롭게 영입된 배우들과 수월하게 작업하기 위해 노심초사할 수도 있습니다. 특히 나이가 들어감에 따라 자신의 발성이나 대사를 암기하는 능력에 대해 불안감을 느낄 수 있습니다. 무엇보다도 배우들을 힘들게 하는 것은 자기 일에 대해 끊임없이 공개적으로 평가받는 이 직업에서, 제대로, 그리고 충분히 연기를 잘 해내야 한다는 압박감입니다.

경험이 많고 성공한 배우는 이러한 불안과 두려움을 느끼지 않으리라 생각할지도 모릅니다. 하지만 높은 곳에 오를수록 잃을 게 많아지듯, 대중에게 인정받는 배우가 오히려 더 심한 압박감을 느끼기 마련입니다. 저는 경력이 많고 성공을 누리고 있는 배우들에게도 자유롭고 깊게 호흡할 것을 상기시키곤 합니다.

작업 방식

저는 항상 호흡 훈련으로 작업을 시작하면서, 소리를 쉽게 전달하는 데 필요한 자유롭고 깊게 그리고 충분히 자주 호흡하는 기술과 배우들이 다시 연결될 수 있도록 합니다. 배우들은 호흡이 좋을수록 음성이 더 진실하게 들린다는 것을 깨닫게 됩니다. 호흡과 발성이 좋아야 더욱 훌륭한 배우가 될 수 있습니다. 저는 극단 배우들과 함께하는 모든 공연 전 음성 워밍업을 호흡 훈련으로 시작합니다.

호흡을 가다듬는 것은 무대 공포증을 예방하는 데에도 도움이 됩니다. 배우가 무대에 오르기 직전 과도히 긴장하고 있다면, 저는 두 손바닥을 맞대고 누르는 훈련을 제안합니다(훈련 30). 두 손바닥의 손목 가까이에 있는 불룩한 부분을 서로 맞대어 누르면, 골반기저근이 활성화되면서 깊은 호흡이 일어나고, 상체의 불필요한 긴장이 이완됩니다. 또한 이 연습은 앞으로 다가올 일을 두려워하기보다는, 배우들이 집중하고 '현존'할 수 있도록 도움을 줍니다.

저는 이 책에 소개된 훈련을 모든 배우에게 사용하지만, 연극과 등장인물의 특정 요구 사항에 맞추어 훈련을 조정하기도 합니다. 예를 들어 등장인물의 말하는 방식을 탐구할 때, 그 등장인물이 어떠한 유형의 울림소리를 사용하는지 고려해 볼 수 있습니다. 이를 위해 훈련 3에서 다루었던 것처럼 몸의 각기 다른 부분으로 말하면서 실험을 시도해 볼 수 있습니다. 이러한 시도는 음성의 질을 미묘하게 변화시킬 수 있고, 배우에게도 다른 기분을 느낄 수 있는 기회를 제공합니다.

배우가 소리를 억지로 밀어내거나 쥐어짜내고 있다면, 저는 등 아래쪽 갈비뼈로 호흡을 보내는 감각을 즐기고, 그곳으로부터 소리가 나오는 것을 상상하라고 조언합니다. 이를 통해 배우는 몸 깊은 곳에서 나오는 소리에 대한 감각을 높일 수 있고, 목구멍과 얼굴에 힘이 들어가는 것을 방지할 수 있습니다.

연출가와 작업하기

배우와 연출가의 말을 들을 수 있다는 것은 저에게 주어진 특권입니다. 저는 연습실에서 배우와 연출가의 말을 듣고, 그들을 지켜보는 데 많은 시간을 할애합니다. 연극에 대한 연출가의 비전을 이해하는 것은 저의 작업 과정에서 매우 핵심적인 부분입니다. 배우와 마찬가지로, 저 역시 극의 세계에 몰두해야 합니다.

작업 방식

배우와 연출가가 언제나 연극 대사를 최우선으로 고려하는 것은 아닙니다. 배우 대부분은 연습 초기에 등장인물의 실체를 찾기 위해 연극의 서브 텍스트(대사 이면에 감추어져 있는 감정, 판단, 생각 따위*)를 탐험합니다. 서브 텍스트는 대사를 통해 직접적으로 드러나지 않으므로 배우가 자신의 창조적 상상력을 동원해 등장인물의 대사 이면의 생각을 발견해 내야 합니다.

연습 초기 단계에서는 배우들이 종종 대사를 명료하고 확실하게 발화하지 않습니다. 어떤 배우와 연출가는 연습 단계에서 이러한 상황에 머무

르는 것을 선호하며, 좀처럼 텍스트 자체를 가지고 연습하려 하지 않습니다. 이런 상황에 놓이면, 저는 관객과 나누고자 선택한 이야기가 대사를 통해 전달되어야 하고, 언어의 에너지가 극과 등장인물의 생각과 관념의 에너지를 전달한다는 점을 배우와 연출가에게 상기시켜야 합니다.

어떤 연출가는 등장인물과 극의 신체적인 측면에 집중하면서 장면을 구성하고, 즉흥과 움직임을 통해 이야기를 전달하여 흥미로운 결과를 도출하기도 합니다. 이러한 유형의 공연에서, 제 임무는 배우들이 언어를 신체적인 세계와 연결할 수 있도록 돕고, 그들의 언어가 신체 활동성에 의해 압도되지 않도록 하는 것입니다. 저는 등장인물이 사고를 구조화하고 어휘를 선택하는 방식을 조명하면서 작품을 수사학적 관점에서 연구하기도 합니다. 또한 배우들에게 명확하고 생동감 넘치는 조음 활동의 필요성을 강조합니다. 물론 공연이 연출되는 방향과 스타일에 어긋나지 않도록 주의를 기울이며 이러한 작업을 진행합니다.

다른 연출가는 행동을 '블로킹'(blocking: 극 공간 속에서 움직임을 결정하고 연습하는 일*)하는 데 방점을 두기도 합니다. 그들은 무대에 배우를 배치하고, 신중하게 선택된 움직임을 통해 이야기를 전달합니다. 이러한 유형의 공연에서, 저는 배우가 극의 언어를 신체적으로 경험할 수 있도록 훈련에 많은 움직임을 활용합니다. 그렇게 함으로써 저는 배우들에게 말 그 자체가 신체적이며 움직임이 단어의 의미를 드러낼 수 있다는 점을 상기시켜 줍니다.

그다음으로 언어에 대단히 관심이 많고, 각 등장인물의 생각과 행동을 언어를 통해 전달하는 방법에 대해 배우들과 숙고하는 연출가가 있습니다. 이러한 유형의 공연에서, 저는 배우들이 극의 언어를 전달할 수 있는 호흡과 음성을 가질 수 있도록 알맞은 음성 훈련으로 연습 과정을 뒷받침합니다.

모든 배우는

자신의 대사가 관객에게

잘 전달되기를 원합니다.

배우들이 어떻게 일하고 어떻게 음성을 사용하는지, 배우에 대해서도 알아가야 합니다. 저는 그 무엇도 당연시하지 않습니다. 이전에 여러 번 호흡을 맞춘 배우라고 하더라도, 새로운 연극 작업은 작품 고유의 특별한 요구 사항을 지닌 새로운 시작이기 때문입니다.

일할 때

저는 연출가와 배우의 말을 경청합니다. 그리하여 제가 어떤 역할을 수행해야 하는지, 그 역할을 언제 수행해야 하는지 파악합니다. 각각의 배우가 저의 조언을 받아들일 수 있는 시점이 언제인지 판단해야 하므로 타이밍이 매우 중요합니다. 어떤 배우는 연습 초기에 자신의 음성에 대해서는 생각하려하지 않지만, 또 다른 배우는 처음부터 저와 함께 작업하기를 바랍니다.

연출가들도 마찬가지입니다. 각 연출가는 배우가 대사의 가청도와 명확성에 대한 생각을 시작해야 하는 적절한 시점에 대해 확고한 견해를 가지고 있습니다. 어떤 연출가는 연습 초반에 모든 배우를 무대로 데려가 그들이 연기해 내야 하는 규모를 파악하길 원합니다. 하지만 너무 이른 시기부터 소리의 크기에 대해 생각하면 연기의 진실성을 헤칠 수 있다고 우려하는 연출가도 있습니다. 또한 연출가 본인이 연습에 참여하지 않을 때, 배우들과 어떻게 작업할지를 전적으로 저에게 맡기고 음성 작업에는 전혀 관여하지 않는 부류도 있습니다.

이따금 연출가들은 배우들이 이미 훈련을 거쳐 전문 배우가 되었으니, 음성 코치의 도움과 음성 훈련이 불필요하다고 생각하기도 합니다. 또한 어떤 연출가는 저의 의견이 연극에 대한 창조적 비전을 방해할 수 있다고 우려하기도 합니다. 이러한 반응은 자연스러운 것입니다. 저는 연출가가 저의 직업적 진실성과 경험에 대해 확신할 수 있도록 방법을 모색해야 합니다.

해결책은 보통 배우에게서 나옵니다. 배우 대부분은 경험 많은 연극 음성 코치의 전문적인 지식과 기술을 활용하는 것에 긍정적인 반응을 보이며, 저는 영국 연극 업계에서 수년 동안 일한 경험을 통해 많은 배우들을 잘 알고 있습니다. 이 책에서 설명했듯이 음성 훈련은 자기 계발의 일환이고, 많은 배우들이 자신의 음성 잠재력을 끊임없이 계발하면서 큰 기쁨을 느낍니다. 사실 영국 국립 극장과 같이 규모가 큰 레퍼토리 극장에서만 배우들이 상주하는 코치와 함께 일하며 음성 훈련을 진전시킬 기회를 얻을 수 있습니다. 배우들은 자신의 음성을 최적의 상태로 유지하면, 배우로서 더욱 다양한 역할을 맡을 수 있고 자신의 음성과 나아가 연기력에 대한 자신감을 얻어 배우로서 성장하는 데 도움이 된다는 것을 잘 알고 있습니다.

제 작업의 마지막 단계는 테크니컬 리허설과 프리뷰 기간 동안 극장을 지키는 일입니다. 저는 객석의 다양한 좌석에 앉아서 배우의 말이 어디에서나 명료하게 들리는지 확인합니다. 모든 배우는 자신의 대사가 관객에게 잘 전달되기를 원하기 때문에, 배우들은 먼저 저에게 자신의 대사가 잘 들렸는지 확인을 요청하기도 합니다.

이처럼 제 직업은 연출가 및 배우들과 관계를 쌓는 것이 필수적이므로 세심함과 전문성이 요구됩니다. 배우들은 그들의 정체성과 능력으로 캐스팅되었고, 저는 배우들의 음성을 바꾸기 위해 존재하는 사람이 아닙니다. 또한 극의 언어나 등장인물에 대한 저의 해석을 배우들에게 강요해서도 안 됩니다. 저는 배우들이 자신의 잠재력을 최대한 발휘할 수 있도록 돕기 위해 존재합니다. 훌륭한 연극 작품을 만들어 내기 위해서는 팀원 전체의 노력이 필요하고, 저는 팀이 필요로 하는 시점에 적절한 작업방식을 미리 준비하고 있어야 합니다. 하지만 직업적인 만족감은 엄청납니다. 빼어난 배우들과 함께 일하고 훌륭한 작품을 만드는 데 일조할 수 있다는 것은 하나의 특권이기도 하죠.

영국 국립 극장의

무대에 오르는 배우들은

항상 제대로 지지받는 소리를 통해

말하려고 노력합니다.

결론

음성 훈련은

우리를 자유롭고 자신감 넘치게 합니다.

음성과 의사소통 기술을 발전시키려면, 먼저 음성 그 자체와 음성을 생성하는 방법을 이해하고, 그런 다음, 말하는 데 있어서 음성을 사용하는 방법을 터득해야 합니다. 두 요소는 동등하게 중요하며, 서로 밀접한 불가분의 관계에 있습니다. 말로 청자에게 영향을 미치거나 말의 타당성과 진실성으로 청자를 설득하기 위해서는, 명확하고 편안할 뿐만 아니라 진실한 '자신만의' 음성을 통해 말을 전달해야 합니다.

따라서 소리를 인위적으로 가공하는 것은 도움이 되지 않습니다. 음성 훈련은 소리를 꾸며 내거나 다른 누군가의 음성을 흉내 내기 위해 노력하는 것이 아닙니다. 이 훈련은 여러분이 가진 음성을 알아 가고 자신의 음성과 사랑에 빠지는 것입니다. 그러고 나면 여러분은 자신이 누구인지 표현할 수 있고, 말하고 싶은 이야기를 명확하고 쉽게 공유할 수 있습니다. 우리는 모두 자신의 음성을 올바르게 사용할 수 있는 잠재력을 지니고 있습니다. 우리의 음성은 더욱 울려 퍼질 수 있고, 진정으로 풍부한 표현을 만들어 낼 수 있습니다. 더 나은 호흡 습관과 더 정확한 조음 활동을 통해 우리는 음성에 더 많은 에너지를 부여할 수 있습니다. 무엇보다도, 우리의 음성은 더욱 편안하고 정직하게 들릴 수 있습니다.

자신의 음성을 알아가고 이를 운용하는 방법을 배우면, 자신다운 음성을 내는 것이 얼마나 큰 장점인지 점차 느끼게 될 것입니다. 이러한 경험은 작품에서 연기해야 할 '역할'이 무엇이든 간에 여러분에게 자신감을 불어넣어 줍니다. 물론 이는 연기해야 할 역할의 음성을 잘 가장할 수 있다는 의미는 아닙니다. 잘 훈련된 배우가 등장인물과 상황에 정직성과 진실성을 불어넣듯이, 어떤 상황에서도 여러분의 음성은 본연의 진실한 음성일 수 있습니다.

　이 책의 훈련은 음성과 자기 계발을 위한 것입니다. 비록 여러분이 효과적인 음성 운용 방법을 학생들에게 가르치는 것이 주된 목표인 교사라 하더라도, 자신의 몸과 음성을 통해 이 훈련을 익혀야 합니다. 여러분이 교사라면, 여러분의 음성에 꾸준히 가해지는 많은 부담을 이미 알고 있을 것입니다. 그렇기에 학생들을 위해 훈련을 익히면서, 여러분 또한 음성을 올바르게 사용하는 방법과 이를 건강하고 튼튼하게 유지하는 방법을 배울 수 있습니다.

　음성 훈련은 고된 일이기도 합니다. 음성은 신체적이며, 실질적인 신체적 변화를 위한 '지름길'은 존재하지 않습니다. 훈련에는 시간과 생각이 소요됩니다. 음성이 어떻게 작용하는가를 먼저 배우고, 자기 안에서 음성을 탐구하고 경험해야 합니다. 그런 다음 훈련을 통해 음성 기술을 연마하며, 호흡과 음성의 발전을 느껴야 합니다.

　전문적으로 음성을 사용하는 사람이라면 누구든 제가 배우에게 사용하는 음성 기술을 활용할 수 있습니다. 최근 몇 년간 상업적 분야와 여타 업종에서 직원의 음성 및 의사소통 기술에 대한 투자의 중요성을 인식하기 시작한 것은 전혀 놀라운 일이 아닙니다. 배우들이 받는 현대적 훈련에서 의사소통 기술에 대해 배울 수 있다는 것을 인식하게 된 것입니다. 배우들이 진실하고 감동적이며 설득력 있는 인물을 구현하기 위해 사용하는 기법, 기술 및 훈련법은 그들의 조직에서도 유용하게 적용될 수 있습니다. 음성은 의심할 여지없이 의사소통 기술의 핵심요소이며, 다른 직역의 사람들이 의사소통 기술을 배우기 위해 연극 음성 코치들을 초청하는 빈도는 점차 늘고 있습니다.

우리는 모두 자신의 음성을
올바르게 사용할 수 있는
잠재력을 지니고 있습니다.

음성 훈련은 우리를 자유롭고 자신감 넘치게 합니다. 음성 훈련은 자기 인식을 도모하고 유창한 자기표현과 자신감을 이끌어 냅니다. 이러한 자신감은 훈련이 처음으로 필요했던 환경을 넘어서서 일생에 지대한 영향을 미칠 수 있습니다. 특히 연극 워크숍과 학생 공연을 통해 자신의 음성을 올바르게 사용하는 방법을 배운 학생들은 세상 속에서 자신의 위치에 대한 더욱 견고한 감각을 가지고 사회생활에서 올바른 음성 기술을 응용합니다.

배우들은 음성을 올바르게 사용하는 방법을 터득하는 것이 그들의 연기에 자신감을 줄 수 있다는 것을 알게 되며, 대부분의 배우는 지속적인 훈련의 가치를 인식하고 있습니다. 연극 학교에서 음성을 훈련한 사람이라도 계속해서 자신의 음성을 최적의 상태로 유지하고, 나아가 더 발전시킬 필요가 있습니다. 만약 무대를 떠나 있던 배우라면 다시 연극계로 돌아올 때 자신의 음성과 몸을 '공연에 적합한 신체 상태'로 되돌려야 합니다. 또한 그들은 매 공연을 위해서 자신의 음성을 워밍업해야 합니다.

교사, 사업가, 변호사, 강사, 종교 지도자, 영업 사원, 상담 직원, 기금 모금자, 치료사 등 배우가 아니더라도 음성이 직업적으로 중요한 사람이라면, 여러분은 자신의 음성을 이해하고, 음성과의 관계를 발전시키며, 음성을 돌보고, 음성을 올바르게 사용하는 방법을 배움으로써 큰 자신감을 얻을 수 있습니다. 자, 이제 여러분의 차례입니다. 신발을 벗고 기지개를 켜서 훈련을 시작해 보세요.

옮긴이의 글

　『모두를 위한 음성 훈련 워크북』의 저자는 영국 국립 극장National Theatre의 보이스 디렉터를 맡고 있는 자네트 넬슨입니다. 자네트는 영국의 저명한 연극 단체인 영국 국립 극장, 로열 셰익스피어 컴퍼니, 셰익스피어 글로브 등에서 배우들과 함께한 음성 훈련 경험을 바탕으로 이 책을 집필하였습니다. 이 책은 음성 훈련의 기본을 충실하게 소개합니다. 배우를 비롯하여 음성을 직업적으로 사용하는 사람뿐만 아니라 누구라도 이 책에서 소개된 훈련을 통해 건강하고 효과적인 음성 사용법을 배울 수 있습니다.

　이 책의 장점은 쉽고 간명한 설명에 있습니다. 자네트는 음성 훈련에서 반드시 다루어야 하는 핵심 주제를 이해하기 쉽고 명쾌한 언어를 통해 설명하고 있습니다. 훈련의 핵심을 꿰뚫는 자네트의 간결하고 명료한 설명은 제가 음성 훈련의 요점을 학생들에게 효과적으로 전달하는 데에도 큰 도움이 되었습니다. 더불어 주목할 만한 점은 이 책의 내용이 누구라도 충분히 자기 주도적으로 음성 훈련을 수행할 수 있도록 구성되어 있다는 것입니다. 바로 이러한 점이 제가 이 책을 번역하고자 마음먹은 이유입니다. 책의 결론에서 저자가 언급하듯 음성은 신체적이며, 확실한 신체적 변화를 이루어내는 데 지름길은 없습니다. 꾸준한 훈련만이 건강하고 경제적인 음성 사용을 위한 몸 감각을 체득하고, 그 감각을 유지할 수 있는 유일한 방법입니다. 자네트의 쉽고 명쾌한 설명은 전문 음성 코치의 도움이 없더라도, 훈련의 핵심 아이디어를 수월하게 이해하고, 훈련을 오해 없이 체화하며, 그 훈련을 꾸준히 지속하는 데 효율적인 가이드라인이 되어 줍니다. 이 책을 통해 표현력 있고 명확한 소리를 갖길 원하는 모든 이들에게 음성 훈련에 대한 접근이 좀 더 용이해지길 희망해 봅니다.

원서에 존재하는 영어 방언에 관한 훈련 파트는 언어적 특성의 차이로 인해, 원문의 작업을 우리말 훈련에 적용하기 어렵다고 판단하여 번역을 생략하였습니다. 하지만 원서의 조음 훈련 파트는 한국어 말소리 훈련과의 연결을 꾀하기 위해 저자의 훈련 의도를 그대로 살리면서 영어 음소를 우리말 음소로 대체하여 번역하였습니다. 또한, 3장의 텅 트위스터 훈련은 널리 알려진 한국어 텅 트위스터 훈련 문장을 인용 및 수정하여 재구성하였습니다. 자네트의 조음 훈련은 명확한 말하기를 위해 조음 기관의 민첩성과 그 움직임의 정확성 향상에 주안점을 두고 있기에, 한국어 음소를 통해서도 무리 없이 활용될 수 있습니다.

이 책을 번역하는 과정은 뜻깊은 배움의 시간이었습니다. 제가 배움을 시작할 수 있도록 번역본 출판에 선뜻 동의해 주신 도서출판 동인의 이성모 대표님, 바쁜 삶 속에서도 고맙게 교정 작업에 도움을 준 이다영, 우혜민, 베튤, 친절하고 이해심 넘치는 박하얀 편집자님께 감사의 말씀을 드립니다. 마지막으로 이 긴 배움의 여정을 묵묵히 함께 통과해 준 사랑하는 나의 남편 고산요에게 미안함과 고마움을 전합니다.

옮긴이 윤소희

한국예술종합학교 연극원 연기과 졸업
뉴욕 Columbia University 연기 M.F.A.
서울예술대학교, 세종대학교에서 호흡과 발성 및 화술 강의
현재 한국예술종합학교 연극원 연기과 객원교수로 출강하면서 배우, 보이스 코치로 활동 중

모두를 위한 음성 훈련 워크북

초판 1쇄 발행일 • 2021년 8월 20일
옮긴이 • 윤소희 / 발행인 • 이성모 / 발행처 • 도서출판 동인
주소 • 서울시 종로구 혜화로3길 5 118호 / 등록 • 제1−1599호
Tel • (02) 765−7145~55 / Fax • (02) 765−7165
E−mail • dongin60@chol.com

ISBN 978−89−5506−845−0
정가 15,000원